Riccardo Muti
Mein Verdi

Riccardo Muti

Mein Verdi

Herausgegeben von
Armando Torno

Aus dem Italienischen
von Michael Horst

www.henschel-verlag.de
www.baerenreiter.de

Bibliografische Information der Deutschen Nationalbibliothek
Die Deutsche Nationalbibliothek verzeichnet diese Publikation in
der Deutschen Nationalbibliografie; detaillierte bibliografische Daten
sind im Internet über http://dnb.dnb.de abrufbar.

ISBN 978-3-89487-929-7 (Henschel)
ISBN 978-3-7618-2344-6 (Bärenreiter)

© 2012 RCS Libri S.p.A., Milan

© 2013 für die deutsche Ausgabe by Henschel Verlag in der Seemann Henschel
GmbH & Co. KG, Leipzig
Gemeinschaftsausgabe der Verlage Seemann Henschel GmbH & Co. KG, Leipzig,
und Bärenreiter, Kassel

Die Verwertung der Texte und Bilder, auch auszugsweise, ist ohne Zustimmung
des Verlags urheberrechtswidrig und strafbar. Dies gilt auch für Vervielfältigungen,
Übersetzungen, Mikroverfilmungen und für die Verarbeitung mit elektronischen
Systemen.

Die Zitate aus Verdis Libretti wurden von Michael Horst übersetzt bzw. in Einzel-
fällen den überlieferten deutschen Fassungen entnommen.

Zitate aus der Korrespondenz zwischen Giuseppe Verdi und seinem Librettisten
Arrigo Boito, seinem Verleger Giulio Ricordi und dem Maler Domenico Morelli
entstammen den Henschel-Ausgaben VERDI-BRIEFE (1983, hrsg. von Werner Otto)
und VERDI-BOITO. BRIEFWECHSEL (1986, hrsg. von Hans Busch). Sofern aus dort
nicht enthaltenen Briefen zitiert wurde, ist die Übersetzung von Michael Horst.

Das Schönberg-Zitat auf S. 69 ist aus: ARNOLD SCHÖNBERG – WASSILY KANDINSKY.
BRIEFE, BILDER UND DOKUMENTE EINER AUSSERGEWÖHNLICHEN BEGEGNUNG
(hrsg. von Jelena Hahl-Koch), Residenz Verlag 1980.

Die Übersetzung des Anhangs sowie die Erstellung der Biografie Riccardo Mutis
in Stichworten besorgte Claudia Thieße.

Lektorat: Susanne Van Volxem, Frankfurt am Main
Umschlaggestaltung: Ingo Scheffler, Berlin
Titelbild: Silvia Lelli by courtesy of RMMusic
Satz und Gestaltung: Das Herstellungsbüro, Hamburg
Druck und Bindung: GGP Media GmbH, Pößneck
Printed in Germany

Gedruckt auf alterungsbeständigem Papier mit chlorfrei gebleichtem Zellstoff

Inhalt

Vorbemerkung des Herausgebers   7

VORREDE   DER KOMPONIST DES LEBENS   11
1. KAPITEL   GETREU DEN NOTEN   21
2. KAPITEL   IM BANNE VERDIS   41
3. KAPITEL   DER PERFEKTE EINKLANG AUS WORT UND MUSIK   51
4. KAPITEL   WER KANN IN DIE ZUKUNFT SCHAUEN?   71
5. KAPITEL   VERDI, DER ITALIENER   87
6. KAPITEL   VERDI UND WAGNER   95
7. KAPITEL   GEZÄHMTE LEIDENSCHAFT UND HEITERE ENTZAUBERUNG   103
EPILOG   »ICH HABE VERSUCHT, DIR ZU DIENEN«   115

ANHANG
Vita Riccardo Muti   123
Auflistung der von Riccardo Muti dirigierten Werke Verdis   128
Verdis Opern auf einen Blick   129
Personenregister   157

Vorbemerkung des Herausgebers

Mit einem großen Dirigenten zusammenzuarbeiten, ist immer ein Privileg. Bei jeder Begegnung lernt man etwas hinzu. Und je bedeutender der Dirigent, desto mehr Wahrhaftigkeit verströmt seine Musik. Oder, um es mit Tolstoi und seiner KREUTZERSONATE zu sagen: Vielleicht hat Musik ja tatsächlich vor allem die Aufgabe, den Menschen zu verstören. Und erst ein Dirigent von Rang ist in der Lage, ihre wahre Natur zu enthüllen …

Als Riccardo Muti, den ich nicht nur in meiner Eigenschaft als Musikkritiker all die Jahre auf dem Podium erleben durfte, sondern zu dem auch jenseits von Opernaufführungen, Rezensionen und Theaterbetrieb ein persönlicher Kontakt besteht, mich eines Tages bei einem Abendessen fragte, ob ich nicht Lust hätte, mit ihm zusammen ein Buch über seine Erfahrungen mit Verdis Musik herauszugeben, da konnte ich folglich gar nicht anders, als Ja zu sagen.

Die Zusammenarbeit mit dem Maestro zu schildern ist allerdings nicht einfach. Aber nicht etwa, weil er anstrengend oder schwierig im Umgang wäre – ganz im Gegenteil! Ihm ist noch immer die Fähigkeit des Staunens vergönnt, wenn er von Musik spricht, auch wenn er ihr sein ganzes Leben verschrieben und dabei weder Energie noch Leidenschaft gescheut hat. Wie ein Verliebter widmet er sich voller Hingabe hier einer kurzen Passage, dort einer vokalen oder instrumentalen Wendung, setzt sich mit dem Libretto auseinander oder beschäftigt sich mit den Briefen Verdis, bevor er eine musikalische Entscheidung trifft. Er probt ohne jede Ermüdungserscheinung, genau wie seine verehrten Vorgänger und Vorbilder. Wieder und wieder nimmt er sich die einzelnen Stimmen vor, korrigiert winzige Details, bittet darum, eine Stelle noch einmal zu wiederholen, oder

Vorbemerkung des Herausgebers

zitiert wörtlich, was Verdi oder der entsprechende Komponist dazu geäußert hat. Ich weiß genau, dass er bisweilen Stunde um Stunde über dem Studium einer Partiturseite verbringt; und wenn er Zweifel hegt, dann macht er daraus keinen Hehl. Riccardo Muti gehört, wie man sieht, zu jener aussterbenden Spezies von Dirigenten, die jeden Takt einer Oper so lange proben, bis Sänger und Orchestermusiker die geforderte Übereinstimmung mit seiner interpretatorischen Vorstellung erreicht haben. Und so wie er alle Mitwirkenden aufs Äußerste fordert, so fordern Sänger und Orchester auch ihn. Wenn Muti am Pult steht, dann wissen alle sehr genau, dass von ihnen das Maximum abverlangt wird – so wie sie es auch von dem Maestro erwarten.

Ich erwähne bewusst diese Details, um ein wenig den Arbeitsstil Riccardo Mutis zu erläutern. Entstanden ist das vorliegende Buch zwischen Probe und Premiere, im Anschluss an ein Vorsingen oder an Tagen, die ganz dem Partiturstudium gewidmet waren. Mal trafen wir uns in seinem Haus in Ravenna, dann wieder in einer stillen Ecke in der Oper in Rom.

Die Gedanken Mutis haben wir aufgezeichnet und transkribiert, anschließend überarbeitet und geordnet, bis ein richtiges Buch daraus geworden ist. Der einzige Eingriff betraf die Zusammenführung der verschiedenen Anmerkungen des Maestros zu einer Oper oder zu einem Thema. So konnte es vorkommen, dass er im Zusammenhang mit AIDA plötzlich noch eine ergänzende Bemerkung über LA TRAVIATA machte; sinnvollerweise wurde sie dort eingefügt, wo diese Oper in größerem Umfang abgehandelt wird.

Ansonsten ist abgesehen von ein paar Erinnerungen an vergangene Zeiten nichts weiter ergänzt worden, denn dieses Buch soll explizit Mutis Blick auf »seinen« Verdi widerspiegeln, den er in den Jahren 2011/2012 gewonnen hat. Natürlich hätte man noch vielerlei hinzufügen, sich in tausenden von Details erschöpfen und einige der vielen bekannten und unbekannten Anekdoten zum Besten geben können – aber der Maestro hat anders entschieden. Meine Aufgabe war es dann noch, den roten Faden einzuweben, der sich durch das künstlerische Dasein des Dirigenten zieht.

Vorbemerkung des Herausgebers

Mit Verdi hat sich Riccardo Muti Zeit seines Lebens am meisten und am intensivsten beschäftigt, als beständige Herausforderung und von bleibendem Erfolg gekrönt. Was nicht heißt, dass seine Liebe zu Mozart oder Cherubini oder sein Engagement für die Komponisten der Neapolitanischen Schule außer Acht gelassen werden sollten! Die legendäre Aufführung des DON GIOVANNI 1987 an der Mailänder Scala in der Regie von Giorgio Strehler wird für immer unvergessen bleiben, genauso wie die Konzerte mit den neun Sinfonien Beethovens unauslöschlich in die Annalen jenes Theaters eingegangen sind. Doch Verdi ist sozusagen zu Mutis geistigem Leitstern geworden.

Er verdankt diesem Komponisten viel, aber man kann es auch umgekehrt formulieren: Verdi hätte in den letzten Jahrzehnten wahrlich Anlass genug gehabt, sich immer wieder bei Muti zu bedanken. Die folgenden Seiten geben eindrucksvoll Aufschluss, welche Fähigkeiten ein Dirigent einsetzen muss, um gewissenhaft den Vorgaben des Komponisten zu folgen und dabei den Unarten der heutigen Aufführungspraxis die Stirn zu bieten.

Nicht selten hat der Maestro mutwillige Veränderungen oder Ergänzungen von Sängern gekippt und ihnen unangemessene Gesten abgewöhnt – etwa dem Bariton, der sich mit der Hand am Herzen in Richtung Olymp verneigte, oder der Sängerin, die allzu exaltiert auf der Bühne herumturnte. Er hat Verdi seine rechtmäßige Würde wiedergegeben und Unsitten abgeschafft, die sich seit über einem halben Jahrhundert auf der Bühne eingeschlichen haben, ohne dass Verdi sie jemals vorgesehen hätte. In der ersten Hälfte des neunzehnten Jahrhunderts grassierte beispielsweise die furchtbare Angewohnheit der *arie di baule*, der »Arien aus dem Koffer«, die von den reisenden Sängerstars ohne Sinn und Verstand in die jeweilige Oper hineingepfropft wurden, nur um den Beifall des Publikums hervorzukitzeln. Und auch im zwanzigsten Jahrhundert wie in den ersten Jahren des neuen Jahrtausends hat man sich nicht von gewissen theatralischen Auswüchsen befreien können. Muti dagegen ist es ein Anliegen, immer direkt zu Verdi, zum Ursprung des Werkes zurückzukehren und ohne zu zögern all das zu beschneiden, was nicht der Kunst und dem künstlerischen Willen des Komponisten entspricht.

Ich habe, wie gesagt, enorm viel bei meinen Begegnungen mit dem Maestro gelernt. Mir ist klar geworden, dass ohne ein intensives Partiturstudium, ohne langwierige Proben und ohne die beharrliche Arbeit am Werk in der Musik gar nichts geht. Die Kunst der Muse Euterpe gleicht einem Parcours mit vielen Hindernissen, den man mit harter Disziplin und ohne Zaudern zu absolvieren hat. Die Zeit, die ein Musiker in die Interpretation und Darbietung einer Komposition investiert, wird von der Musik selbst auf verschiedenste Weise belohnt. Ich denke dabei nicht an etwas so Äußerliches wie den Applaus – auch wenn er dazu gehören mag –, sondern an eine Art metaphysische Belohnung. Früher oder später nehmen das auch die Zuhörer wahr, selbst wenn heute der Grad der Ablenkung viel höher ist als noch vor einigen Jahren. Doch wie heißt es so schön: Jede Zeit empfindet das, was sie zu empfinden vermag, und sie versteht so viel, wie sie zum Leben braucht. Oder zum Überleben – was wohl die bessere Formulierung für eine Zeit wie die unsere wäre.

Beinahe überflüssig zu sagen, dass für die interessanten Entdeckungen, die sich in den nachfolgenden Kapiteln machen lassen, der Dank an Maestro Muti geht, der fraglos der Spiritus rector dieses Buches ist. Sollten Sie dagegen auf den einen oder anderen Fehler stoßen, dann liegt die Schuld ganz sicherlich bei dem, der das Buch – unter Wahrung des ursprünglichen Geistes der Gespräche – herausgegeben hat.

Mein Dank gilt auch der Redaktion des Verlages Rizzoli, Lydia Salerno und Caterina Soresina Stoppani, den beiden Schutzengeln dieses Unternehmens.

Armando Torno

Vorrede

Der Komponist des Lebens

»*Ti serba alla grand'opra tu la dovrai compir …*
Un nuovo secol d'ôr rinascer tu farai«

»Du hast eine große Aufgabe zu erfüllen …
Ein neues goldenes Zeitalter wirst du erschaffen«

Rodrigo in Don Carlos
3. Akt, 2. Teil, 1. Szene

Verdi ist der »Komponist des Lebens«, und ganz sicher ist er auch der Komponist *meines* Lebens. Denn als Komponist verstand er es wie kein anderer, unsere Leidenschaften, unsere Trauer, unsere Vorzüge und Fehler bloßzulegen und anschließend in Musik zu kleiden. Deshalb erkennen wir uns in ihm wieder, und darin besteht auch seine Universalität: Er ist und bleibt aktuell. Jedenfalls solange auch der Mensch so bleibt, wie er ist, und sich nicht in ein Wesen im Stil von STAR TREK verwandelt, mit riesigen Ohren, pilzförmigem Kopf und verkrümmten Gliedern. Solange der Mensch Mensch bleibt, wird jede neue Generation aus Verdis Musik Trost schöpfen.

Verdi verwirrt oder verunsichert den Zuhörer nicht. Im Gegenteil: Er lässt ihn immer spüren, dass er ihm nahe ist und ihn versteht. Kommt man mit seinen Opern in Berührung, hat man sofort das beruhigende Gefühl, dass hier ein Musiker zu Menschen über Menschen spricht und dabei alle Gefühle aus der eigenen Ich-Perspektive beleuchtet. Je länger ich mich mit diesem Komponisten beschäftige, desto überzeugter bin ich, dass die Personen auf der Bühne nichts anderes widerspiegeln als Verdis eigene Seelenzustände und dass in jeder Oper mindestens eine Figur auftritt, in der sich der Komponist höchstpersönlich erkennen lässt.

Sein ganzes Leben wurde von einer ständig wiederkehrenden Verbitterung überschattet – nicht ohne Grund spricht man vom sogenannten *pessimismo verdiano*. Man begegnet dieser Verbitterung immer wieder, auch in seinen Opern, nicht nur im Finale des FALSTAFF mit den berühmten Worten »*Tutto nel mondo è burla.*« (»Alles auf Erden ist ein Schabernack.«) Das klingt wie ein Scherz, doch Verdi sagt hier der Welt mit einem leicht verkniffenen Lächeln

Adieu. Noch stärker manifestiert sich diese Verbitterung in all den trostlosen Gestalten, die fatal an seine eigene Biografie erinnern. Da ist der Fiesco in SIMON BOCCANEGRA, ein getreues Abbild Verdis in seiner Trauer, seinem Pessimismus und seiner Tragik. Ein Satz des Dogen gibt diese Empfindungen besonders gut wieder: »*Perfin l'acqua del fonte è amara al labbro / Dell'uom che regna.*« (»Sogar das Brunnenwasser schmeckt bitter auf der Zunge / des Herrschenden.«) Oder denken wir an den Riccardo in UN BALLO IN MASCHERA: Auch er ähnelt Verdi, allerdings mit dem Beigeschmack von Überheblichkeit. Dagegen gleicht die Liebe Rigolettos zu seiner Tochter Gilda eher der väterlichen Liebe, die der Komponist zu seinen beiden früh verstorbenen Kindern gehegt haben mag. Liebe, Eifersucht, Verrat – das sind seine eigenen und die Gefühle seiner Bühnengestalten. Und was ist LA TRAVIATA anderes als die unverhohlene Antwort auf das Spießbürgertum der Bürger von Parma und Busseto, die über die »wilde Ehe« des verwitweten Verdi mit Giuseppina Strepponi die Nase rümpften? Germont, der Vater Alfredos, bedrängt Violetta, auf seinen Sohn zu verzichten – denkt man da nicht sofort an Signor Barezzi, den Vater seiner Ehefrau Margherita, wenngleich die Situation unter dem Brennglas einer Opernhandlung zugespitzt wurde?

Mögen Verdis Figuren auch autobiografische Züge aufweisen, so sind sie doch mehr, nämlich ganz und gar Prototypen des Menschen an sich. Als bestes Beispiel kommt mir die Desdemona aus OTELLO in den Sinn, denn so verständnisvoll, aufrichtig und berauscht von ihrer Liebe zu Otello, wie sie ist, steht sie für alle liebenden Desdemonas dieser Welt.

Somit entdeckt jeder Zuhörer, wenn er eine Verdi-Oper auf der Bühne verfolgt, wie dort seine eigenen Gefühle auf künstlerische Art und Weise beleuchtet werden. Das macht Verdi so unvergänglich – und unmittelbar verständlich auch für Chinesen, Australier oder Peruaner. Seine Botschaft kommt aus der Tiefe eines großen Herzens, und nicht zufällig hat der Dichter und Dramatiker Gabriele d'Annunzio nach Verdis Tod in seiner ELETTRA die berühmten Verse geschrieben: »*Diede una voce alle speranze e ai lutti. / Pianse ed amò per tutti.*«(»Er gab der Hoffnung und der Trauer eine Stimme. / Er weinte und liebte für uns alle.«)

Daraus darf man jedoch nicht den Schluss ziehen, Verdis Fähigkeit, ohne irgendwelche Übersetzungen oder sonstige Hilfsmittel die innersten Saiten des Zuhörers zum Schwingen zu bringen, sei gleichbedeutend mit Oberflächlichkeit oder Trivialität. Hinzu kommt bei ihm nämlich eine große Portion Leidenschaft – manche nennen ihn sogar einen heißblütigen Komponisten –, doch immer wird sie getragen von einem besonderen Adel des Ausdrucks. Das versuche ich beim Dirigieren auszudrücken, und ich werde auf den kommenden Seiten näher darauf eingehen, um zu zeigen, wer Verdi wirklich war und welche Hinweise er selbst zur Aufführung seiner Musik gegeben hat.

Verdi ist wie eingangs erwähnt der Komponist meines Lebens, und er hat mich seit frühester Kindheit begleitet. Schon mit drei Jahren nahmen meine Eltern mich mit zu einer Aufführung der AIDA im Teatro Petruzzelli in Bari. Auf dem Arm unseres Chauffeurs habe ich die Oper verfolgt, und anscheinend habe ich keinerlei Anzeichen von Müdigkeit gezeigt und die ganze Zeit mucksmäuschenstill gelauscht. Oder sollte ich doch dabei eingeschlafen sein? Ich weiß es nicht mehr.

Mein Vater jedenfalls, ein Arzt, besaß eine schöne Tenorstimme und pflegte zu Hause gern Opernarien vor sich hin zu singen. Und kaum hatte ich mit dem Klavierunterricht begonnen, nutzte er umgehend die Gelegenheit, endlich jemanden zu haben, der ihn begleiten konnte. So wurden mir Verdis Arien schon in früher Jugend vertraut.

Genau dieselben Stücke bekam ich auch bei den Patronatsfesten zu hören, denn dort spielten die Blaskapellen des Ortes – die ich noch heute bewundere und stets vor hämischen Angriffen verteidige – am liebsten Fantasien aus Verdi-Opern, ob es nun Duette für Bariton und Tenor, Bariton und Sopran oder Tenor und Sopran waren. Die Sopranpartie wurde vom Kornett, einer Art Trompete, übernommen, der Bariton vom Bombardino, auch als Flügelhorn bekannt – beides Instrumente, die mit ihrem Vibrato der menschlichen Stimme sehr nahe kommen. Insofern konnte ich die bekanntesten Arien Verdis längst nachsingen, obwohl ich noch gar nicht in die Oper ging.

Meine erste »richtige« Oper habe ich am Teatro Piccinni in Bari erlebt, als ich zwölf oder dreizehn Jahre alt war: OTELLO mit dem Argentinier Carlo Guichandut in der Titelrolle, der zwar kein zweiter Mario del Monaco war, dessen Auftritt aber bei mir nachhaltigen Eindruck hinterlassen hat. Denn kaum hatte die Oper mit der großen Sturmszene begonnen (»*Una vela! Un vessillo! È la nave del duce* ...« – »Ein Segel! Eine Flagge! Das Schiff des Dogen ...«), flüsterte mein Vater mir zu: »Pass auf, jetzt kommt das *Esultate*.« Bis heute ist dieses mit großer Emphase herausgeschleuderte *Esultate* des siegreich zurückkehrenden Otello der Prüfstein für alle Tenöre geblieben. Wer hier patzt, für den ist der Abend gelaufen, und er kann den Fehler kaum wieder gutmachen – aber davon wird später noch die Rede sein.

Ich habe sofort gespürt, dass Verdi ein Komponist ist, zu dem ich einen ganz direkten Draht habe. Ganz besonders wurde mir dies klar, als ich während des Studiums die Proben meines verehrten Lehrers Antonino Votto an der Mailänder Scala besuchen durfte. An zwei Opern erinnere ich mich genau: FALSTAFF und UN BALLO IN MASCHERA. Votto kannte den FALSTAFF in- und auswendig; er wäre tatsächlich in der Lage gewesen, die gesamte Partitur Note für Note aus dem Gedächtnis niederzuschreiben. Wenn er zu den Proben in die Scala kam, betrat er das Gebäude gewöhnlich von der Via Verdi aus. Ein Pförtner nahm ihm sein graues Mäntelchen ab, und dann verschwand er in den unterirdischen Gängen, die direkt zum Orchestergraben führen. Er hatte nichts dabei, keine Partitur, nichts – denn er dirigierte auswendig! Ich will mich hier nicht darüber auslassen, ob derjenige, der mit Partitur dirigiert, weniger kann als derjenige ohne Partitur. Aber eine Sache ist es, ohne Partitur zu dirigieren, und eine andere, ohne Partitur zu proben. FALSTAFF zu proben ohne die Partitur vor Augen, sie nicht einmal im Künstlerzimmer oder sonst wo im Theater bereitzuhalten, ist wirklich außergewöhnlich. Votto benahm sich nicht anders, als ob er zu einer Verabredung mit Freunden ginge. Eines Tages, ich dürfte 20 oder 22 Jahre alt gewesen sein, fragte ich ihn: »Maestro, wie machen Sie das?« Und er antwortete schlicht und ergreifend: »Wenn du auch mit *ihm* zusammengearbeitet hättest, würde das Gleiche für dich gelten.« *Er* – das war niemand anders als der große Toscanini.

Manchmal denke ich mit Wehmut an diese fantastischen Zeiten ...

Im Jahr 1968 hatte ich mein Debüt als Dirigent beim Festival Maggio Musicale Fiorentino, das seit 1933 jeden Mai und Juni in Florenz stattfindet. Ein Jahr später folgte meine allererste Premiere mit einer abendfüllenden Oper des neunzehnten Jahrhunderts, aufgeführt in einem großen Theater mit einer gewaltigen Bühne: I MASNADIERI (DIE RÄUBER, nach Schillers gleichnamigem Drama). Somit begann also auch meine Dirigentenkarriere schon mit einer Oper von Giuseppe Verdi.

Mit viel Enthusiasmus, sozusagen im kämpferischen Geiste Giuseppe Garibaldis, habe ich mich seinerzeit auf diese Oper gestürzt. Die Inszenierung, für damalige Gewohnheiten äußerst modern und intelligent, stammte von dem begnadeten deutschen Regisseur Erwin Piscator und hatte bereits einige Jahre zuvor mit dem Dirigenten Gianandrea Gavazzeni Premiere gehabt.

Was für eine grandiose Zeit! Nichts und niemand störte die Vorbereitungen für die Aufführung. Bei den szenischen Proben war ich stets dabei (wie ich es noch heute zu tun pflege, wenn mich nicht andere Proben davon abhalten), und als der Chor an einer Stelle so stand, dass er mich nicht sehen konnte, kletterte ich einfach auf einen Stuhl, um ihn von dort oben aus zu dirigieren.

Nach und nach habe ich dann begriffen, dass das Theater seine ganz eigenen Gesetze hat. Aber damals, in den Jahren 1968/69, ritten wir noch auf einer Welle der Nachkriegsbegeisterung. Das ganze Land war von einer fiebrigen Atmosphäre erfüllt, mit Protesten und revolutionären Umtrieben seitens der Jugend, die bald eskalierten und in eine allgemeine Krise geführt haben – mit manch positiven, aber auch vielen negativen Folgen. Florenz gehörte in seiner langen Geschichte schon immer zu den streitlustigsten Städten, man spürte hier geradezu die Spannung in der Luft, die auch vor dem Theater nicht haltmachte. Der Titel von I MASNADIERI kam quasi einer Anklageschrift von Seiten der Bevölkerung gegen die herrschenden Kreise gleich. Schaut man sich die heutige Situation in Italien an, dann erhält dieser Titel überraschend eine ganz neue Aktualität.

2013 feiern wir die 200. Wiederkehr von Giuseppe Verdis Geburtstag. Wie feiert man diesen Jahrestag am besten? Sicherlich nicht allein, indem man seine Opern wieder und wieder aufführt. Denn Verdi ist längst der meistaufgeführte Komponist der Welt. Viel sinnvoller ist es, die Beschäftigung mit Verdi zu vertiefen, anstatt seine Opern weiter gedankenlos und getreu einer falsch verstandenen Tradition zu verunstalten – nach dem Motto: »So haben wir es schon immer gemacht, und deshalb machen wir es auch in Zukunft so.« Ergreifen wir lieber die Gelegenheit beim Schopfe und beschäftigen uns intensiver und genauer als bisher geschehen mit Verdi.

Um nicht für arrogant gehalten zu werden, möchte ich gleich klarstellen, dass ich keineswegs für mich in Anspruch nehme, die absolute Wahrheit über Verdi gepachtet zu haben. Freilich, über Bach, Mozart oder Rossini, über Stilfragen oder Instrumente, über diese Themen ist schon immens viel geschrieben worden – doch was weiß man wirklich über Verdi?

Vor allem werden viele Irrtümer begangen, weil man Verdis eigene Vorgaben missachtet. Außerdem wird allzu oft vergessen, wie lange dieser Komponist gelebt hat. Folglich sind auch seine Werke zu unterschiedlichen Zeiten entstanden: seine erste Oper OBERTO im Jahr 1839, seine letzte Oper FALSTAFF über 50 Jahre später, 1893.

In den 1840er Jahren, als Verdis frühe Opern uraufgeführt wurden, waren die Orchesterinstrumente vielfach noch völlig anders konstruiert als 50 Jahre später: Die Blechbläser hatten keine Züge, auch die Streicher mit ihren Darmsaiten klangen dünner, es gab noch keinen Orchestergraben, und die Theater blieben während der ganzen Vorstellung hell erleuchtet. Der Klang eines Orchesters, das auf Höhe der Bühne spielte, hat logischerweise wenig Ähnlichkeit mit dem Orchester des OTELLO oder des FALSTAFF, das, Jahrzehnte später, in den Graben verbannt wurde. In den letzten Jahren des neunzehnten Jahrhunderts spielte noch der junge Arturo Toscanini am Cellopult unter der Leitung des greisen Verdi. Sucht man also nach dem unbestreitbar authentischen Klang von OTELLO oder FALSTAFF, dann muss man sich an Toscaninis Aufnahmen halten, denn sie sind die akustische Erinnerung an die persönlichen Anweisungen Verdis. Auf einem anderen Blatt steht dagegen der Orchesterklang eines OBERTO oder NABUCCO, bei dem selbstverständlich noch der Nachhall des achtzehnten Jahrhunderts zu spüren war.

Aus all diesen Überlegungen kristallisiert sich die Frage heraus: Wer ist dieser Verdi eigentlich?

Oper wird heute mehr denn je als kultureller Faktor verstanden. So gesehen hat es auch wenig Sinn, sich auf einzelne Noten oder auf die einzelnen Phrasierungen eines Sängers zu konzentrieren. Viel wichtiger ist es, die künstlerisch-kulturelle Botschaft des Komponisten abzustecken und herauszuarbeiten. Ich wünschte mir, dass die Oper als solche wieder unser Land repräsentieren würde – und nicht länger zum Selbstdarstellungsvehikel dieses oder jenes Sängers degradiert wird. Heutzutage ist das ganze Leben viel oberflächlicher und schnelllebiger geworden; die massive Präsenz von Fernsehen und Kino hat dazu geführt, dass die Gesellschaft nur noch zu *sehen* vermag. Darüber ist die Fähigkeit zu *hören* leider weitgehend verloren gegangen.

Unsere Komponisten der Vergangenheit haben uns ein großes Erbe hinterlassen, das heute der ganzen Welt gehört. Nutzen wir die Gelegenheit des Verdi-Jahres und geben Verdi die Würde und den Respekt zurück, die er forderte und verdient. Anders als man gemeinhin vermuten dürfte, ist es diesem in aller Welt geliebten Komponisten bisher nicht vergönnt gewesen, dass man ihn wirklich kennt. Verdi bleibt noch zu entdecken. Insofern dürfen wir ihn als einen »Komponisten der Zukunft« bezeichnen.

1. Kapitel

Getreu den Noten

»*Il male sta che non si eseguisce
mai quello che è scritto;
… Io non ammetto, né ai Cantanti,
né ai Direttori la facoltà di creare.*«

»Das Übel besteht darin,
dass die Dinge nie so aufgeführt werden,
wie sie geschrieben wurden; … ich erlaube es
weder Sängern noch Dirigenten,
selbst kreativ zu werden.«

Brief Verdis an seinen Verleger Giulio Ricordi
11. April 1871

Oft werde ich gefragt, auf welche Weise man sich als Musiker einer Partitur nähert. Meiner Meinung nach sollten Dirigenten genauso wie Sänger den Noten mit der allergrößten Unbefangenheit gegenübertreten, zugleich aber auch mit einer großen Portion Demut und völlig vorurteilsfrei. Das gilt ganz besonders für die Werke von Giuseppe Verdi. Dazu gehört allerdings, immer jene Worte im Hinterkopf zu haben, die Verdi am 11. April 1871 an seinen Verleger Giulio Ricordi schrieb. Dirigenten, so beklagte er sich in seinem Brief, wollten immer »interpretieren« und Sänger »etwas erschaffen«, und am Ende passe das Ergebnis überhaupt nicht mehr zu dem, was er als Komponist vor Augen gehabt habe:

»Göttliche Eingebungen der Dirigenten ... und eigene Erfindungen bei jeder Aufführung ... Genau diese Straße hat die Musik zu Ende des achtzehnten bzw. Anfang des neunzehnten Jahrhunderts auf bizarre Art und Weise verfälscht. Denn damals war es den Sängern erlaubt, sich ihre Partien selbst zu ›kreieren‹ (wie die Franzosen es nannten), was logischerweise zu allem möglichen Durcheinander geführt hat. Mir reicht ein einziger Schöpfer! Die Sänger haben schlicht und einfach nichts anderes zu tun, als das zu singen, was in der Partitur steht. Das Übel besteht darin, dass die Dinge nie so aufgeführt werden, wie sie geschrieben wurden; ... ich erlaube es weder Sängern noch Dirigenten, selbst kreativ zu werden. Denn derlei Prinzipien führen direkt in den Abgrund.«

1. KAPITEL

Wenn Verdi verlangt, dass der Interpret seine Musik auszuführen habe, »wie sie geschrieben wurde« – also notengetreu –, so versteht es sich von selbst, dass damit keine Art von Fotokopie der Partitur gemeint ist. Das wäre gänzlich unmöglich. Die Einschätzung einer Notenlänge ist stets völlig subjektiv und gleicht einem Würfelspiel. Niemand vermag vier Viertel immer auf die genau gleiche Art zu schlagen. Und was die Länge, das Gewicht, die Farbe eines Tones betrifft, so werden sie bei dem einen Dirigenten völlig anders ausfallen als bei einem anderen.

Verdis Worte wollen also nichts anderes ausdrücken als: »Versucht zu verstehen, was ich will und was hinter meinen Noten verborgen ist. Lest in den Noten und verändert sie nicht mutwillig.« Das erinnert ein wenig an die Sufi mit ihrer Maxime: »Wenn du die Null siehst, siehst du nichts, aber wenn du durch die Null hindurchsiehst, kannst du die Unendlichkeit erblicken.«

Verdis Ermahnungen werden auch verständlich, wenn man daran denkt, dass es zu seiner Zeit noch keine SIAE gab, also keine Verwertungsgesellschaft, die die Nutzungsrechte aus dem Urheberrecht von Komponisten, Textdichtern und Verlegern von Musikwerken wahrnimmt. Hatte ein Komponist vor Gründung der SIAE im Jahr 1882 einmal seine Partitur dem allmächtigen Impresario übergeben, so konnte dieser, gemeinsam mit den Interpreten, damit machen, was er wollte – oft mit einschneidenden Konsequenzen.

In einem Programmheft von IL TROVATORE aus der Mailänder Scala von 1854, sprich: ein Jahr nach der Uraufführung in Rom, fand ich eine Programmabfolge, wie sie typisch für die damaligen Aufführungen in Italien war, ein einziges Potpourri aus verschiedenen Zutaten: zu Beginn der 1. Akt der Oper, danach ein Ballett, schließlich der 2. Akt, gefolgt von weiteren Einlagen. Der 3. Akt dagegen, der mit Manricos berühmter Cabaletta *Di quella pira* (»Lodern zum Himmel«), wurde überhaupt nicht gespielt, woraus man schließen kann, dass diese Arie noch längst nicht die Popularität von heute erreicht hatte.

Ein Komponist wie Verdi, der immer so viel Wert auf die Dramaturgie seiner Opern gelegt hat, muss todunglücklich über diese

Amputation eines ganzen Aktes gewesen sein. Dementsprechend hat der Respekt vor seinen Partituren von jeher, seit der Aufführung von I MASNADIERI in Florenz, meine Arbeit geprägt.

Seinerzeit wurde ich zum ersten Mal mit der mir fremden Welt der Sänger konfrontiert, in der es gang und gäbe ist, eine Partitur ohne zu zögern nach den eigenen Bedürfnissen umzumodeln: »Das ist mir zu schwierig, deshalb lasse ich es weg«, »Das würde mir bequemer liegen, wenn ich es einen Halbton tiefer singen könnte« ... Und das alles mit Blick auf den Schlusston, den mir ein Sänger tatsächlich einmal folgendermaßen schmackhaft machen wollte: »Den hohen Ton am Ende muss ich unbedingt singen, er ist wie das Siegtor.«

Schon damals habe ich diese Einstellung als Herabwürdigung der Größe eines Komponisten empfunden. In mir rebellierte etwas gegen derartige Unsitten, und ich fing an, mich immer mehr dafür zu interessieren, was Verdi wirklich geschrieben und was er darüber hinaus in seinen Briefen geäußert hat.

In den 1970er Jahren erlebte die Musikwissenschaft und Musikkritik in Italien noch eine außerordentliche Blüte. Als junger Dirigent hatte man die Chance, sich mit großen Persönlichkeiten über musikalische Probleme auszutauschen; ich denke da nicht nur an Antonino Votto, sondern auch an die Dirigenten Vittorio Gui und Franco Ferrara, der übrigens auch ein fantastischer Lehrer war. Allerdings wurde mir schnell klar, dass abgesehen von einigen wenigen großen Dirigenten die meisten ihre Ansichten über Verdi vor allem auf guten alten Gewohnheiten begründeten. Eingeklammerte Passagen seiner Opern, die immer schon gestrichen worden waren, wurden auch weiterhin nicht gespielt!

In diesem Zusammenhang wiederhole ich oft und gern einen Ausspruch des von mir sehr verehrten Wilhelm Furtwängler: »Tradition ist die letzte verblasste Erinnerung an die letzte schlechte Aufführung.« Genau so ist es! In meinen ersten Jahren bekam ich regelmäßig folgende Ratschläge zu hören: »Hier wird gekürzt, dort wird transponiert ...« Verständlicherweise war die Versuchung groß, diese Ratschläge zu befolgen. Aber nach und nach sah ich das Ganze

1. KAPITEL

immer kritischer und fing an, mich mit dem Problem der gekürzten Fassungen zu beschäftigen und dabei auch völlig vergessene Passagen unter die Lupe zu nehmen. Das Ergebnis war die vollständige, ungekürzte Aufführung von Rossinis GUGLIELMO TELL im Jahr 1972 – sie verursachte großes Aufsehen in der Öffentlichkeit.

Eigentlich fühle ich mich wie ein Museumsdirektor: Auch dieser hat die Aufgabe, dem Publikum seine sämtlichen Schätze zu präsentieren. Das ist bei einem Dirigenten nicht anders. Wer erteilt mir denn die Befugnis, bestimmte Abschnitte *nicht* aufzuführen? Beispielsweise finden sich in LA TRAVIATA einige Cabaletten, die nie gespielt werden, so in der 8. Szene, nach der Arie des Vaters Germont *Di Provenza il mar, il suol* (»Das Meer und die Erde der Provence«), wo ich die folgende Cabaletta wieder eingefügt habe: »*No, non udrai rimproveri, / copriam d'oblio il passato.*« (»Nein, du wirst keine Vorwürfe von mir hören, / bedecken wir die Vergangenheit mit Vergessen.«) Nicht nur das hielt mir ein Journalist vor, sondern auch meine Entscheidung, diese Cabaletta mit zusätzlichen Verzierungen zu wiederholen – obwohl in der Partitur eindeutig ein *da capo* geschrieben steht. Ich empfand das als bösartige Beleidigung. Warum, bitte schön, werde ich dafür an den Pranger gestellt, dass ich das zur Aufführung bringe, was Verdi komponiert hat? Warum soll ich eine Cabaletta weglassen, nur weil sie sonst nie gespielt wird? Im Übrigen ist sie keineswegs so banal, wie oft behauptet wird. Sie klingt nur dann wie schlechter Verdi, wenn sie schlechten Interpreten in die Hände fällt.

Entscheidende Passagen wegzulassen ist die eine Sache. Noch unverantwortlicher finde ich allerdings die weit verbreitete Angewohnheit, die Tonart ungeniert nach unten zu transponieren, nur um am Ende den Kitzel des hohen Tons genießen zu können. Meistens ist der vom Komponisten gar nicht vorgesehen, aber trotzdem wird die Arie transponiert, ohne dass das Publikum es merkt. In Italien haben wir dafür einen schönen Ausdruck »*Fessi e contenti*« – auf gut Deutsch: »Für dumm verkauft und trotzdem glücklich und zufrieden.«

Manricos berühmte Arie *Di quella pira* in IL TROVATORE steht ursprünglich in C-Dur, aber sie wird oft um einen halben Ton nach

H-Dur nach unten transponiert, manchmal sogar um einen ganzen Ton nach B-Dur. Warum? Nur weil der Tenor am Ende den hohen Ton schmettern will, der dann auch noch eine halbe Stunde gehalten wird! Verdi dagegen legte großen Wert auf die Beziehungen der Tonarten untereinander, die somit völlig durcheinandergeraten. Deshalb kann man nicht einfach die Klangfarbe einer ganzen Cabaletta ändern, nur um dem Tenor einen Gefallen zu tun. Für mich ist das ein echtes Verbrechen.

Übrigens findet man in der gesamten Opernliteratur höchst selten Beispiele, bei denen eine Arie auf einem hohen Ton endet. Auch wenn manchmal viele hohe Töne darin vorkommen, am Ende führt die Phrase doch stets zurück nach unten. Wie bei Rossini, der in seinen Kadenzen reichlich hohe Töne einstreute, aber gegen Ende die Stimme wieder herabsinken ließ. Und selbst die Kastraten, die ihre virtuosen Improvisationen gern dazu nutzten, die Stimme in unvorstellbare Höhen zu schrauben, jede Menge Triller, Verzierungen und atemberaubende Skalen einzubauen, kehrten zu guter Letzt brav zur Erde zurück. Denn eigentlich gleicht eine Arie doch dem Lauf des Lebens ...

Ein hohes B »krönt« in Verdis AIDA die Auftrittsarie des Radamès *Celeste Aida* (»Göttliche Aida«). Hier allerdings handelt es sich um eine wohlüberlegte Entscheidung, denn Verdi verlangt explizit keinen kraftvoll geschmetterten hohen Ton – wie man es leider fast immer zu hören bekommt. Stattdessen steht dort *pianissimo*, und auch die Orchesterbegleitung ist vom Komponisten bewusst zurückhaltend notiert.

Gerade Manricos Arie *Di quella pira* hat sich zu einer Art Sinnbild für meinen Kampf gegen inakzeptable Unarten bei der Verdi-Interpretation entwickelt. Mit meinem Beharren auf dem Original habe ich ein Tabu gebrochen, doch sicherlich mit allen positiven Auswirkungen, die das für zukünftige Sänger und Dirigenten haben wird. Oft genug passiert es nämlich, dass Tenöre die Cabaletta nicht einmal besonders gut singen, aber sobald sie das hohe C servieren, vergisst das Publikum den Rest und gerät außer Rand und Band. In musikalischer Hinsicht ist dieses hohe C einfach falsch, nicht nur

1. KAPITEL

weil Verdi weder ein hohes C noch ein hohes H notiert hat. Es macht dramaturgisch keinen Sinn, eine Arie mit einem hohen Ton zu beschließen, wenn gleich darauf der Chor mit seinem Ruf »*All'armi!*« (»Zu den Waffen!«) einfällt. Und es passt auch musikalisch nicht, denn Verdi spannte hier mit dem untrüglichen Gespür eines genialen Musikers und Theaterpraktikers einen großen dramatischen Bogen, der mit dem hohen Ton mutwillig zerstört wird.

Bezeichnenderweise hat der Komponist zwar verschiedene Dinge geändert, als er IL TROVATORE für Paris zu LE TROUVÈRE umarbeitete, diese Stelle allerdings nicht. Er blieb also beim vorgesehenen G anstelle des hohen C, das schon damals durch die Opernhäuser geisterte. Verdi war das durchaus bekannt, aber er konnte schließlich nicht seine Zeit damit vergeuden, dass er die Rute herausholte und die Sänger für ihr selbstherrliches Treiben bestrafte.

Will man diesen hohen Ton singen, muss man den kompletten Chorpart verändern. Denn während der Chor sein »*All'armi, all'armi!*« auf G und C singt, hat der Tenor das G auszuhalten. Erst am Ende vereinigen sich beide zum gemeinsamen Angriff, so wie ein General mit seinen Truppen. Entscheidet man sich dagegen für das hohe C, zieht das Heer längst von dannen, während der Anführer, den Degen in der Luft und den Schrei auf den Lippen, noch auf der Bühne bleibt – getreu dem berühmten Motto: »Greifen wir zu den Waffen, und dann zieht ihr schon mal los!«

Noch ein unverzeihliches musikalisches Vergehen findet man in IL TROVATORE, und zwar am Ende des 2. Aktes, wenn völlig überraschend Manrico auf der Bildfläche erscheint. Für mich ist das einer der atemberaubendsten Momente überhaupt in Verdis Opern. Ungläubiges Staunen überwältigt Leonora, weil sie Manrico längst für tot hält: »*Sei tu dal ciel disceso / O in ciel son io con te?*« (»Bist du vom Himmel herabgestiegen, / Oder bin ich bereits mit dir im Himmel?«)

Das wirkt auch deshalb so überraschend und unglaublich modern, weil Verdi hier für einen Moment lang die Schlacht anhält und wie ein moderner Filmregisseur einen Zoom direkt auf die Sängerin richtet. Folgt man der Partitur, singt an dieser Stelle, am Ende des

Aktes, ganz allein die Sopranistin. Eine wirklich grauenhafte und völlig idiotische Tradition hat sich jedoch eingebürgert, wonach der Tenor, nur um seine Rolle als Hauptdarsteller zu betonen, in diesen Gesang einstimmt und dieselben Worte mitsingt: »Bist du vom Himmel herabgestiegen, / Oder bin ich bereits mit dir im Himmel?« Hätte ein Vollblut-Theaterprofi wie Verdi jemals solch einen Unsinn akzeptiert?

Kommen wir noch zu einem anderen Punkt: der Orchesterstimmung. Der Komponist selbst hat hier bisweilen genaue Angaben zum richtigen Kammerton A gemacht. So verlangte er für den OTELLO statt des damals üblichen Kammertons von 443–445 Hertz eine viel tiefere Stimmung von 432–434 Hertz, um damit eine besonders dunkle Klangfärbung des Orchesters zu erzielen.

Wer sich strikt an die Partitur hält, verzichtet damit nicht gleichzeitig auf die Freiheit der Interpretation. Jeder, der meine Aufnahmen hört und dabei die Partitur vor sich liegen hat, wird schnell feststellen, dass manche Tempi bei mir sehr traditionell gewählt sind, manche sogar eher gemächlich. Dabei wissen wir aus Verdis Schriften, dass er zügige Tempi bevorzugte und Ritardandi, die nur einem Sänger oder einem trägen Dirigenten geschuldet waren, ganz und gar nicht schätzte. Für ihn war es wichtig, nie die dramatische Spannung zu verlieren.

Gut lässt sich das an der Kartenspielszene im 2. Akt von LA TRAVIATA demonstrieren. Violetta erschrickt bei ihrer Ankunft: »*Ah, perchè venni, incauta! / Pietà di me, gran Dio!*« (»Ich Unvorsichtige, warum bin ich hierher gekommen! / Hab' Mitleid, großer Gott!«) Verdi komponierte dazu eine fiebrige Orchesterbegleitung, doch die meisten Dirigenten verlangsamen das Tempo, sobald die Sopranistin einsetzt. Ich habe mich dagegen für ein schnelleres Tempo entschieden, so wie es mir Votto einst geraten hat: Man dürfe hier nicht verlangsamen, sondern müsse das lebhafte Tempo unbedingt beibehalten. Wer genau hinschaut, wird sehen, dass Verdi diese Phrase in Gedankenstrichen notiert hat, was ja nichts anderes bedeutet, als dass es sich nur um Violettas Gedanken handelt. Dass sie dazu eine

1. KAPITEL

schöne Melodie singt, berechtigt noch lange nicht zu einer Tempoverzögerung, weder musikalisch noch aus Sicht des Dramas. Ihre Gedanken entstehen aus der Szene heraus, sie bilden einen Teil dieses Infernos, deshalb ist ein Ritardando hier fehl am Platze, so verführerisch es auch sein mag und dem Publikum zweifellos gefällt.

Ein Beispiel für das genaue Gegenteil, bei dem ich mich bewusst von der Partitur absetze, findet sich in der großen Szene des Rigoletto aus dem 2. Akt: »*Cortigiani, vil razza dannata*« (»Ihr Höflinge, feige, verdammte Brut«). Ich dirigiere das leidenschaftlich und geradezu gewalttätig, Fortissimo statt wie vorgeschrieben *mezzoforte*, was meiner Meinung nach allzu sehr an ein Concerto grosso von Corelli erinnern würde. Durch das Mehr an Volumen und Intensität bekommt das Orchester hier einen typisch romantischen Beigeschmack, wie es unserer italienischen Tradition entspricht. Würde ich alles getreu den Partiturvorgaben spielen, klänge es viel kontrollierter, oder auch: klassischer.

Nehmen wir als letztes Beispiel das Duett zwischen Riccardo und Amelia aus dem 2. Akt von UN BALLO IN MASCHERA mit den Worten »*Oh, qual soave brivido / L'acceso petto irrora!*« (»O, was für ein Schauer / durchrieselt die erhitzte Brust!«). Toscanini hat diese Szene mit dem NBC Orchestra voller Ungestüm interpretiert, weil er die Erregung zeigen wollte. In Wirklichkeit fordert die Partitur hier jedoch ein dreifaches *piano*, ein *ppp* mit dem Zusatz *leggerissimo* (»sehr leicht«). Ich habe mich in diesem Fall für einen Kompromiss entschieden, denn bei allem Respekt gegenüber dem Maestro finde ich, dass er hier übertreibt. Das *ppp* muss man wohl als eine Art klangliches Ideal verstehen, wie es Verdi vorgeschwebt haben mag, mit einem Hauch von ätherisch-träumerischer Schwerelosigkeit. Seine Vorschrift heutzutage wortwörtlich umzusetzen, wäre in jedem Fall unmöglich, vor allem weil die Sänger in den großen Opernhäusern viel stärker zur stimmlichen Kraftmeierei tendieren als früher.

Aus diesen verschiedenen Beispielen lässt sich unschwer erkennen, dass die Frage der richtigen Verdi-Interpretation uns sicherlich auch in den nächsten Jahrzehnten noch beschäftigen wird. In den

1940er und 1950er Jahren wurde Verdis Musik im Stil des Verismo aufgeführt, mit Sängern, die zum Brüllen neigten, und Orchestern, denen es an Feinschliff mangelte. Verdi jedoch zeichnet sich als Komponist gerade durch diesen instrumentalen Feinschliff und ein genaues Gespür für das Wort aus. Konzentrieren wir uns allerdings stärker auf diese Koordinaten, erwächst daraus wiederum ein anderer Zweifel: Wenn man statt der mitreißenden Energie die Eleganz seiner Musik stärker in den Vordergrund rückt, inwieweit beraubt man Verdi damit seines unverwechselbaren Charakters?

Die strikten Vorgaben Verdis zu meiner eigenen Sache zu machen hat mir viele Anfeindungen eingebracht. Oft genug ist mir vorgeworfen worden, ich wollte mir als Dirigent die Sänger untertan machen und sie daran hindern, auf der Bühne zu glänzen. Aber Verdi hat seine Opern bestimmt nicht komponiert, damit der Tenor oder die Sopranistin darin glänzen können! Ihm ging es allein darum, dass sie mittels ihrer Stimme die Gefühle der von ihnen verkörperten Bühnenfigur ausdrücken.

Am Ende meines Lebens werde ich mir wohl eingestehen müssen, dass ich diesen Kampf verloren habe – und dennoch bin ich froh, ihn geführt zu haben. Als Italiener habe ich meinen eigenen Stolz; ich glaube an unser Land, und ich bin fest davon überzeugt, dass unsere Opern jenen von Mozart und Wagner in nichts nachstehen, auch wenn man deren Aufführungen mit äußerster, fast religiöser Hingabe zu lauschen pflegt und niemand es wagen würde, auch nur eine Note daran zu verändern.

Gerade die Deutschen haben uns oftmals vorgehalten, wir seien das Volk der Humtata-Musik. Darauf entgegne ich wieder und wieder, dass bei Verdi die sogenannte Begleitung, auch wenn sie bisweilen an eine Art Blaskapelle erinnert, viel mehr als bloße Untermalung bedeutet. Es sind Noten, die durch ihren rhythmischen Impuls eine starke dramatische Binnenspannung liefern, über der sich dann die Melodie entfalten kann.

Denn die Stimme allein kann nicht die gesamte Palette des Ausdrucks transportieren, während sich das Orchester mit einer rustikalen Begleitung begnügt. Leider wird italienische Oper allzu oft genau so aufgeführt. Dazu lese ich dann in Kritiken bisweilen Sätze wie: »Der Dirigent versuchte, Verdis Partitur zu adeln.« Aber hätte es beispielsweise ATTILA nötig, von einem Dirigenten geadelt zu werden? ATTILA ist eine durch und durch noble Oper! Und ich kenne keinen einzigen Takt in Verdis Opern, der etwas Gewöhnliches an sich hätte – es sei denn, das ist explizit von Verdi so beabsichtigt.

Es kann also nicht ernsthaft darum gehen, etwas zu adeln, was vorher von zweifelhafter Qualität gewesen wäre. Das Problem ist, dass es zuvor in zweifelhafter Qualität aufgeführt wurde!

Zwar habe ich mich immer schon für die historischen Umstände einer Uraufführung interessiert und nachrecherchiert, wo und unter welchen Umständen sie stattfand. Aber ich sehe mich durchaus nicht als Sklaven einer Philologie um ihrer selbst willen, wie man es des Öfteren bei der Musik des Barock oder der Frühklassik findet, wo genau das Non-Vibrato-Spiel, eine gerade Stimme und andere Dinge vorgeschrieben werden.

Wollten wir die Philologie als Musiker wirklich ernst nehmen, müssten wir uns auch anders kleiden, denn die Kleidung von damals absorbierte den Klang anders als heute, außerdem müssten wir Autos und Flugzeuge abschaffen, andere Dinge essen und Perücken tragen ... Ohne Vibrato zu spielen, Darmsaiten zu benutzen und den Bogen auf alte Art zu halten heißt noch lange nicht, dass ich damit die Welt von gestern historisch korrekt rekonstruiert hätte.

Wer von uns weiß schon, wie die berühmten Kastraten des achtzehnten Jahrhunderts, ein Farinelli oder Caffarelli, gesungen haben? Hat der junge Pergolesi damals, an seinem Musikinternat in Neapel, philologisch richtig gesungen? Schauen wir uns doch die Fragmente des Freskos MUSIZIERENDE ENGEL, gemalt von Melozzo da Forlì um 1475, in den Vatikanischen Museen an. Dort singen die Engel ganz *all'italiana*: mit aufgerissenen Mündern und ohne Technik, dafür aber mit Leidenschaft und Schwung. Das passt zweifelsohne nicht zu der historischen Gesangstechnik, die man uns heutzutage gern diktieren möchte. Was nichts anderes besagt, als dass alle unsere schönen Theorien vor solchen Bildern kläglich in sich zusammenstürzen.

Selbstverständlich besaßen die Instrumente zu Verdis Zeit schon wegen ihrer Bauweise einen anderen Klang als heute, da durch die üppigeren Maße auch das Volumen gestiegen ist. Bei den Blechbläsern etwa verwendet man heute statt der Ophikleide gewöhnlich die Tuba. Manchmal muss sie fälschlicherweise auch die Bassposaune oder das Cimbasso ersetzen – aber nur dadurch, dass man zum Cimbasso zurückkehrt, löst man bei Verdi noch lange nicht das Problem der philologischen Exaktheit.

Für mich steht die Philologie bei Verdi auf einem anderen Blatt. Diesem heiklen Thema nähert sich der ausführende Musiker am besten durch die Art und Weise seiner Interpretation. Auf der Grundlage einer genauen Analyse muss er sich die Frage stellen: Warum steht jene Note unter jenem Wort? Oder umgekehrt: Warum steht jenes Wort über jener Note? Genaueres zu diesem analytischen Prozess wird im 3. Kapitel noch zu lesen sein.

Arturo Toscanini hat uns bekanntlich den authentischen Verdi-Klang hinterlassen, denn er war es, der noch unter dem wachsamen Ohr des Komponisten selbst musiziert hat. Was er dort hörte, hat er ganz sicherlich – wenn auch auf modernere und brillantere Art – zur Grundlage für seine eigenen Interpretationen gemacht.

In diesem Zusammenhang wird gern eine hübsche Anekdote erzählt: Demnach saß der blutjunge Toscanini damals am 2. Cellopult im Orchester der Mailänder Scala und hatte das berühmte Solo der Violoncelli am Ende des 1. Aktes von OTELLO mitzuspielen – als er plötzlich von Verdi zornentbrannt angeschnauzt wurde, weil er zu laut gespielt habe. Daraufhin soll Toscanini dem hochverehrten Meister keck geantwortet haben: »Nicht ich habe zu laut gespielt, sondern das 1. Pult war zu leise.« In jedem Fall kommt Toscaninis Klang den Vorstellungen Verdis allemal näher als alle philologischen Experimente heutiger Dirigenten, die vielleicht noch nicht einmal Italienisch verstehen, geschweige denn wissen, was *italianità* im positiven Sinne des Wortes bedeutet.

1. KAPITEL

Ich gebe zu, dass Verdi von den Interpreten sehr viel fordert. Das betrifft nicht nur die Virtuosität der Ausführung, sondern auch den Klang, die Phrasierung, die Färbung der Stimme. Schon im 1842 uraufgeführten NABUCCO probiert der Komponist völlig neue Klangfarben aus, und im MACBETH von 1847 unterstreicht er die dramatischen Situationen auf der Bühne durch ein Orchesterkolorit, das für die damalige Zeit im wahrsten Sinne des Wortes un-erhört war. Verdi verlangt vom Orchester einen *suono muto* (»stummen Klang«), von der Sängerin eine *voce soffocata* (»erstickte Stimme«), was beides wie ein Widerspruch in sich klingt. Denn »stumm« heißt »Schweigen«, und ein »stummer Klang« ist ein »Klang, der kein Klang ist«. Eine solche Anweisung verlangt vom Instrumentalisten genau das Gegenteil dessen, was er auf dem Konservatorium gelernt hat: einen Klang zu erzeugen – ohne ihn zu erzeugen. Zu allem Überfluss steht über diesem *suono muto* noch die Anweisung *diminuendo*. Wie aber lässt sich ein Klang, der überhaupt kein Klang ist, noch zurücknehmen?!

Darin freilich liegt die Größe Verdis. Er hat eine glasklare Vorstellung davon, wie der Klang sein soll und wie man ihn erzeugt, auch wenn er dabei von der uns vertrauten »Normalität« abweicht. Die Modernität Verdis weist eindeutig in die Zukunft: Er erfand expressionistische Klangwirkungen, Jahrzehnte bevor überhaupt der Expressionismus in der Malerei und dann auch in der Musik »erfunden« wurde. *Suono muto, suono soffocato, senza suono* (»klanglos«), *con voce oscillante* (»mit schwankender Stimme«) – das sind Termini, wie man sie auch um 1900 nicht einmal bei Alexander Skrjabins sehr präzisen Partiturangaben findet.

Schon zu Beginn seines künstlerischen Werdegangs erweist sich Verdi demnach als ein »Zukunftskomponist«, der das Orchester und vor allem die Stimme ganz anders einsetzt, als es uns viele heutige Sänger in ihrem einseitigen Streben nach Kraft und Virtuosität glauben machen wollen. Verdi sah in der Stimme vor allem ein Mittel des Ausdrucks, und zwar so extrem und kompromisslos modern, dass wir alle für verrückt erklärt würden, wollten wir dies tatsächlich so umsetzen. Welches Publikum würde heute schon eine Lady Macbeth akzeptieren, die »mit rauer, diabolischer Stimme« ihre Partie singt? Aber genau das hat Verdi verlangt.

Beim Komponieren pflegte er die Möglichkeiten seiner Sänger genau zu berücksichtigen. Manchmal nahm er sogar während der Proben noch Änderungen vor, wenn ein Sänger den stimmlichen Anforderungen nicht gewachsen war. Denn Präzision – ob instrumental oder vokal – ging Verdi über alles; daneben stand der Ausdruck an vorderster Stelle.

Ich muss gestehen, dass ich nie, wie gefordert, eine Sängerin »mit rauer Stimme« als Interpretin der Lady Macbeth verpflichtet habe, denn zum einen verlangt die Partie an manchen Stellen durchaus eine klangvolle Stimme, zum anderen hätte das Publikum mit tödlicher Sicherheit protestiert. Aber es würde mich schon reizen, einmal den MACBETH mit einer Sopranistin und einem Bariton aufzuführen, die ihre Partien mit einer ordentlichen Portion Schroffheit singen. Verdi hat deutlich gemacht, warum er Eugenia Tadolini als Lady Macbeth nicht wollte: »Die Tadolini besitzt eine großartige Stimme, klar, leuchtend, machtvoll, aber ich will eine Lady mit rauer, erstickter, düsterer Stimme.«

Der große Dirigent Carlos Kleiber hat mir einmal gesagt: »Manchmal funktioniert Musik nur auf dem Papier, vor dem inneren Ohr. Versucht man sie aber in die Realität zu übertragen, bleibt das Ergebnis weit hinter der eigenen Vorstellung zurück.«

Dazu muss man wissen, dass jeder erfahrene Musiker in der Lage ist, eine Partitur aufzuschlagen und sie zu lesen, das heißt, sich selbst den Klang vorzustellen. Genauso geht es jemandem, der Dantes GÖTTLICHE KOMÖDIE liest. Er muss sie keineswegs laut deklamieren, es reicht, dass die Worte in den Kopf wandern, wo dann vielleicht auch eine Art stumme Rezitation abläuft. So poetisch das sein mag, so schnell verflüchtigt sich dieser Effekt, wenn die Worte zu konkretem Leben erweckt werden.

Dasselbe gilt für die Umsetzung von Musik. Ich kann mir zwar im Kopf einen Idealklang vorstellen, aber ich komme nicht umhin, bei der Realisierung die technischen Bedingungen der beteiligten

1. KAPITEL

Instrumente zu berücksichtigen. So leise der geforderte Klang auch sein soll – ein Doppelrohrblatt-Instrument wie die Oboe kann beispielsweise eine bestimmte Lautstärkeschwelle grundsätzlich nicht unterschreiten.

Was also im Moment der Aufführung zu Klang wird, ist – philosophisch gesehen – nichts anderes als der Moment der Konkretisierung tage- oder wochenlanger Arbeit mit den Sängern und Instrumentalisten. Dabei kommt es auf einen möglichst engen Kontakt zwischen Bühne und Orchestergraben an. Manchmal lese ich in einer Kritik: »Der Dirigent hat die Sänger gut begleitet und unterstützt.« Völliger Unsinn! Ein Dirigent hat die Sänger nicht bloß zu begleiten, er hat gemeinsam mit ihnen Musik zu machen. Er sollte ihnen nicht die Zwangsjacke anlegen, aber er darf sich auch nicht zum Sklaven der Sänger machen lassen, die nur Chaos produzieren, wenn sie allein ihr Ego im Auge haben und nicht in das Gesamtkonzept eingebunden werden.

Eines der entscheidenden Probleme bei Verdi, aber auch bei allen anderen italienischen Opern, ist das Legato-Singen. Wir dürfen uns glücklich schätzen, die schönste Sprache der Welt zu besitzen, denn sie fließt dahin wie ein Strom. Das Legato in der Musik ist wiederum entstanden aus dem Legato unserer gesprochenen Sprache. Leider passiert es immer wieder, dass Sänger die einzelnen Worte zerhacken. Bezeichnend ist die Geschichte von einem Chorsänger, der bei den Proben zu MACBETH den Chordirektor fragte: »Entschuldigung, was ist ein *galempio*?« Er hatte die Worte »*Colga l'empio!*« (»Fasse den Schurken!«) völlig missverstanden und den Imperativ *col-ga* kurzerhand in der Mitte durchgeteilt.

Dem Wort kommt bei Verdi eine viel stärkere Bedeutung zu als bei Bellini oder Donizetti, deshalb ist es von größter Wichtigkeit, wie man mit diesen Worten umgeht und sie ausspricht. Bei Verdi gleicht jedes Wort in seiner Ausformung einer Skulptur von Michelangelo – anders als bei seinen Zeitgenossen oder unmittelbaren Vorgängern.

Den Schlüssel für eine einwandfreie Aussprache bilden die harten Konsonanten, besonders in Kombination mit dem gerollten R, in Worten wie *torto* (»Unrecht«), *parto* (»ich gehe weg«), *orchestra*

(»Orchester«) etc. Heute hat man jedoch seine liebe Mühe, Sänger zu finden, die diese Kunst verstehen, so wie es einst Maria Callas auf perfekte Weise vorgeführt hat. Wenn nämlich die Worte so prägnant wie möglich artikuliert werden, ist damit schon ein Großteil an Ausdrucksintensität gewonnen.

Dabei fällt mir immer der wunderbare Bariton Sesto Bruscantini ein: fantastisch seine Fähigkeit, eine vollkommen homogene Gesangslinie zu spinnen und trotzdem eine unendliche Vielzahl von Klangnuancen darin unterzubringen! Das zeichnet einen herausragenden Sänger aus. Unerreicht ist in dieser Hinsicht auch der Tenor Aureliano Pertile: Seine Interpretation der Arie des Chenier *Un di' all'azzurro spazio / guardai profondo* (»Einst blickt' ich auf zum blauen Himmel«) aus Umberto Giordanos Oper ANDREA CHENIER sollte man einmal am Tag allen Sängern, Instrumentalisten, Dirigenten und Regisseuren vorspielen, damit ihnen klar wird, wie vielfältig man ein einziges Wort einfärben kann. Diese Stelle kommt mir deshalb so oft in den Sinn, weil sie mich an ein Fenster mit Blick auf den Golf von Neapel erinnert.

Will man Verdi gerecht werden, muss man gemeinsam dafür kämpfen und immer daran denken, dass man sich in einem Theater befindet, in dem das Wort und der Tonfall Verdis zwangsläufig den Weg zum richtigen Verständnis weisen. Ich selbst sehe mich nicht als Künstler, sondern als Handwerker im Dienste der Musik. Ich komme mir eher wie ein Außenseiter in der Welt des Bühnenspektakels und des Scheinwerferlichts vor. Eine Folge von unbestimmbaren Gründen, vielleicht auch das Schicksal selbst hat mich dorthin geschickt, wo ich jetzt meinen Beruf ausübe. Und ich stelle mich mit aller gebotenen Konsequenz der Verantwortung. Aber sobald meine Aufgabe als »Vorturner« beendet ist, ziehe ich mich zurück und betrachte die Arena, in der ich mich mehrere Stunden lang getummelt habe, nur noch aus der Distanz.

Mein Freund Herbert von Karajan hat mir gegenüber einmal folgende Bemerkung gemacht: »Denk daran, dass ein guter Dirigent sich dadurch auszeichnet, dass er 30 Jahre lang die Geduld besitzt,

1. KAPITEL

seinen Musikern immer wieder dieselben grundlegenden Dinge in Erinnerung zu rufen.« Karajan war der Architekt des modernen klassischen »Sound«, ein kompromissloser Verehrer des schönen Klangs. Er hat den Klang sozusagen bis an die Grenzen der Auslöschung verfeinert. Sein Satz ist mir im Gedächtnis geblieben; ich zwinge mich immer wieder dazu, ihn bei meiner Arbeit zu beherzigen.

Um es noch einmal zu wiederholen: Es geht keineswegs darum, die Sänger nur zu begleiten, wie es vielleicht früher oft üblich war, sondern gemeinsam mit ihnen das innere Geheimnis einer Oper zu ergründen – auch wenn man womöglich etwas sucht, das gar nicht existiert, wie den »stummen Klang« in MACBETH. Viele Klangfarben hat Verdi instinktiv ersonnen. Weil er kein Englisch sprach, konnte er auch die Sprache Shakespeares nicht in allen Feinheiten verstehen, aber er entwickelte ein unmittelbares Gespür für die Atmosphäre seiner Dramen. Genauso wie er nie Ägypten bereist hat – und trotzdem gelang es ihm im 3. Akt von AIDA, mit größter Sensibilität die exotische Stimmung am Nil einzufangen.

Vieles kann man in Verdis Opern analysieren, aber entscheidend ist dabei weniger der musikalische als der musikdramatische Aspekt. Welche Bedeutung das gesungene – und auch gesprochene – Wort besitzt, zeigt etwa der Brief, den die Lady Macbeth im 1. Akt von MACBETH laut liest, um zu erfahren (und dem Publikum mitzuteilen), was ihr Mann von seiner unheilvollen Begegnung mit den Hexen und ihren Prophezeiungen berichtet. Auch in LA TRAVIATA spielt der Brief eine große Rolle, den Violetta, begleitet von einem Solo der Violinen, in der letzten Szene liest, bevor sie ihren verzweifelten Schrei ausstößt: »È tardi!« (»Es ist zu spät!«) Diese Worte müssen von der Sopranistin gesprochen, nicht gesungen werden.

Verdis Anweisung in der Partitur lautet in diesem Fall *con voce sepolcrale* (»mit Grabesstimme«). Das lässt an eine tiefe Stimme denken; andererseits erfordert der 1. Akt ganz eindeutig einen Koloratursopran. Was genau hat sich der Komponist also vorgestellt? Eine leichte, schöne Stimme oder eine farbenreiche, ausdrucksvolle Stimme?

Für die Violetta muss die Sopranistin in der Tat eigentlich drei verschiedene Stimmen mitbringen: einen leichten Sopran für den 1. Akt und eine lyrischen, wenn nicht gar dramatischen Spinto-Sopran für den 2. und 3. Akt – ein nahezu unmögliches Unterfangen, weshalb man die perfekte Sängerin für die ganze Oper noch in 100 Jahren vergeblich suchen wird. Außerdem muss sie die drei sehr unterschiedlichen Facetten von Violettas Persönlichkeit unter einen Hut bringen: zuerst die Edelprostituierte, »die vom Wege Abgekommene« (wie die italienische Bezeichnung *la traviata* sagt), dann die verliebte Frau und zuletzt die Sterbende, die als Beweis ihrer Liebe die zukünftige Heirat Alfredos mit einer anderen Frau segnet. Hure, Liebende, Heilige – drei Persönlichkeiten, aber vor allem drei unterschiedliche Stimmen!

In meinen ersten Jahren an der Scala kam oft Wally Toscanini, die Tochter des großen Maestro, in meine Vorstellungen, und wir hatten vielfach Gelegenheit, über ihren Vater zu sprechen. Sie erzählte mir, dass Toscanini selbst im hohen Alter, wenn er nach einem Konzert nach Hause kam, sich noch einmal die Partitur vornahm, um zu kontrollieren, was in der Aufführung nicht zu seiner Zufriedenheit gelaufen war. Man muss sich das einmal vorstellen: Ein 80-Jähriger studiert noch immer LA TRAVIATA!

Heute dürfte eine solche Hingabe bei der jüngeren Dirigentengeneration eher Seltenheitswert haben. In früheren Jahren erwartete man dagegen von einem aufstrebenden Orchesterleiter eine Vorbereitung, wie sie nunmehr undenkbar erscheint. Dabei fällt mir der russische Pianist Svjatoslaw Richter ein, einer der Giganten des Klavierspiels, mit dem ich zu Anfang meiner Karriere zusammenarbeiten durfte. Er konnte 20 Minuten darauf verwenden, eine einzige Modulation auszuprobieren. Er war nie mit sich zufrieden, er probierte und probierte – immer auf der Suche nach dem perfekten Klang.

Als ich den Dirigierwettbewerb »Guido Cantelli« gewonnen hatte und mit ihm musizieren sollte, bestand Richter darauf, sich mit mir in Siena in der Accademia Chigiana zu treffen – und dann

1. KAPITEL

unterzog er mich einem knallharten Klavierexamen, weil er es für selbstverständlich hielt, dass ich gut Klavier spielen konnte. Wenn ich mir heute die jungen, ach so brillanten Pultstars anschaue, die sich scheuen, auch nur einen Finger auf die Tasten zu setzen, dann frage ich mich, wie sie sich wohl in einer solchen Situation verhalten hätten ...

Toscanini hat einen schönen Satz gesagt: »Dirigieren kann jeder Esel, aber Musik machen können nur wenige.« Leonard Bernstein beispielsweise dirigierte wie im Rausch, aber dieses dionysische Treiben wirkte nicht störend oder aufgesetzt, weil es ganz seinem Wesen entsprach und sich auch in seiner Musik widerspiegelte. Sein Auftreten war durch und durch echt. Die Orchestermusiker merkten sofort, dass seine Freudentänze genauso wie seine jammervollen Grimassen nichts anderes als sein eigenes Ich reflektierten und von Wahrhaftigkeit erfüllt waren. Da war nichts Falsches. Musiker spüren augenblicklich, wenn hinter solchem Gebaren lediglich Selbstdarstellung steckt.

Viele junge Dirigenten scheinen dagegen den Ehrgeiz zu haben, anstelle einer eigenen Interpretation vor allem viel Energie zur Wirkung bringen zu wollen. Sicherlich sind manche von ihnen echte Naturtalente, aber sie haben noch überhaupt nicht die Zeit zum Nachdenken und Reifen gehabt. Zwar ist Pergolesi schon mit 26 Jahren gestorben, Schubert wurde gerade einmal 31, Mozart 35 Jahre alt, dennoch muss man nicht immer gleich die Nachricht von einem neuen jungen Genie hinausposaunen.

Nichts gegen junge Dirigenten übrigens! Ich widme ihnen viel Zeit und Aufmerksamkeit. Wenn ich jedoch von einem von ihnen gefragt werde, wie ich mich einer Partitur nähere, so zitiere ich niemand anderen als Verdi selbst, der ebenfalls nach dem Geheimnis seiner Genialität und seiner großartigen Werke gefragt wurde. Seine Antwort: »Drei Dinge: Arbeit, Arbeit, Arbeit.«

2. Kapitel

Im Banne Verdis

>»Ah! ah! ah! ah!*
> *E che baccano sul caso strano*
> *E che commenti per la città!«*
>
> »Ha! Ha! Ha! Ha!
> Was für ein Geschrei über diesen merkwürdigen Fall
> Und was für ein Gespött in der ganzen Stadt!«
>
> Chor der Verschwörer in UN BALLO IN MASCHERA
> 2. Akt, 5. Szene

Die Beziehung des Dirigenten zum Publikum lässt sich nur schwer beschreiben. In einem vollbesetzten Theater, das einer Aufführung lauscht, erlebt man die Stille auf zweierlei Art: entweder als spannungsvoll oder als spannungslos. Mit Worten kann ich das kaum erklären, denn ich nehme es als ein rein körperliches Gefühl wahr. Auch wenn es dunkel ist und ich dem Publikum den Rücken zuwende, merke ich ganz genau, was sich hinter dieser Stille verbirgt: gespannte Aufmerksamkeit und freudige Erwartung oder aber, was gelegentlich durchaus vorkommt, Neid und Feindseligkeit.

Bei einer Verdi-Aufführung indessen verbreitet sich fast immer sofort ein Gefühl von guter Laune und Vorfreude, und die Köpfe der Zuschauer nicken im Takt der Melodien. Was eindeutig fehlt, ist die Ehrfurcht, wie man es etwa bei Wagner-Opern kennt, wenn in Bayreuth die Besucher zum Festspielhaus pilgern und wie die Zombies das Bild von Walhall vor sich hertragen: mit blitzenden Augen und stechenden Blicken, die einem wirklich Angst einjagen.

Bei Verdi dagegen schaukeln sie mit ihren Köpfen im Rhythmus des Humtata und harren erwartungsvoll des hohen Tons, der Nagelprobe schlechthin für jeden Sänger. Ich habe in diesem Zusammenhang schon auf das *Esultate*, die große Eingangsszene des Otello im 1. Akt, hingewiesen: Wenn der Tenor in diesem Moment einen Aussetzer hat, ist er für den Rest des Abends blamiert. Meiner Meinung nach wird dieses *Esultate* zwar völlig überbewertet, andererseits hat halt Volkes Stimme in der italienischen Oper immer ein gewichtiges Wörtchen mitzureden, und das sollte auch so bleiben. Wollten wir das alles abschaffen, wollten wir die Oper desinfizieren, dann verkümmerte sie zu einem aseptischen Krankenhaus.

2. KAPITEL

Man muss es nicht übertreiben oder gar schimpfen und pöbeln wie zu Verdis Zeiten, aber alles in allem habe ich sowieso den Eindruck, dass wir Italiener sehr viel ernsthafter sind, als die anderen glauben – oder als wir es selbst glauben. Auch in der Musik.

Übrigens, was das Publikum betrifft: An dieser Stelle würde ich gern zwei Anekdoten zu zwei Aufführungen an der Mailänder Scala zum Besten geben, bei denen das Publikum eine fundamentale Rolle gespielt hat. Die eine handelt von der berühmten Zugabe des *Va', pensiero* (»Flieg', Gedanke«) aus dem Jahr 1986. Und die andere davon, wie ich am 3. Juni 1995 eine Aufführung von LA TRAVIATA am Klavier begleiten musste, weil das Orchester streikte.

Die Aufführung des NABUCCO war ein wirklich denkwürdiger Abend – und dies übrigens nicht nur für mich, sondern offenbar auch für die Presse, denn am Tag danach konnte man in allen Zeitungen darüber lesen. Damals interessierten sich die Italiener nämlich noch für substantiellere Dinge als nur für Sportereignisse oder Fußballergehälter.

Der NABUCCO war meine erste Oper als frisch gewählter Chefdirigent der Scala. Die Aufführung fand am 7. Dezember, dem traditionellen Tag der Spielzeiteröffnung, statt und ging mit dem erwarteten Erfolg voran. Als wir beim *Va', pensiero* angelangt waren, entstand im Saal eine ganz besondere Spannung. Man konnte förmlich spüren, dass Mailand sich selbst wiedergefunden hatte.

Dazu ein paar Worte der Erklärung: NABUCCO ist in der Tat *die* Oper der Stadt Mailand. Dort wurde sie 1842 mit triumphalem Erfolg uraufgeführt, als Vorbote des Risorgimento, das 30 Jahre später zur Einheit Italiens führte. Denn so wie die verbannten Hebräer in Verdis Oper, so sahen sich auch seine italienischen Landsleute unterdrückt durch die Fremdherrschaft der Österreicher; der Gefangenenchor wurde zum Inbegriff der Sehnsucht nach Freiheit. Damit gehört diese Oper untrennbar zur Geschichte und Identität unseres Volkes. (Die Lega Nord hat den Chor sogar zu ihrer Parteihymne erklärt, was allerdings völlig verfehlt ist, denn wenn man überhaupt aus einem Opernchor eine Hymne machen kann, dann wäre ein Chor aus I LOMBARDI ALLA PRIMA CROCIATA sehr viel besser geeignet als das *Va', pensiero*, weil es in jener Oper tatsächlich um Mailand und die Lombarden geht.)

Schon bei den Proben hatte ich gespürt, dass, wenn der Chor das *Va', pensiero* anstimmte, dies an der Scala eine besondere Bedeutung hatte, dass plötzlich eine Farbe, Atmosphäre und Aura hinzukamen, wie sie mir bis dahin in keinem anderen Opernhaus begegnet waren, weder in Italien noch anderswo. Es ist tatsächlich so, als gehörte jene Musik genau zu diesem Opernhaus. Ich weiß nicht, wie ich es ausdrücken soll, aber hier scheint sie absolut an der richtigen Stelle.

Den Aufschrei des Publikums am Ende des *Va', pensiero* werde ich wohl nie mehr in meinem Leben vergessen. Der NABUCCO war in Mailand seit etlichen Jahren nicht mehr aufgeführt worden; und ganz zweifellos wollte mir das Publikum in jenem Moment sagen: »Danke! Sie haben uns zurückgebracht, was zu uns gehört und womit wir uns aus tiefstem Herzen identifizieren.«

Der Applaus wollte gar nicht mehr aufhören, doch ich hatte natürlich auch an den dramatischen Bogen der Oper zu denken, so dass ich irgendwann zaghaft meinen Taktstock hob.

»Nein! – Zugabe, Zugabe, Zugabe!«, ertönte es da.

Was für ein furchtbares Dilemma! Es war meine allererste Oper als Chefdirigent in Mailand, und eine solche Zugabe konnte meinen Erfolg zwar durchaus bekräftigen, aber zugleich wusste ich genau, dass seit den Zeiten Toscaninis Zugaben strengstens untersagt waren – zu Recht, denn sie unterbrechen den Fluss einer jeden Oper.

Diverse Male versuchte ich nun also vergeblich, den Taktstock zu heben, immer in der Angst, der Enthusiasmus des Publikums könnte in sein Gegenteil umschlagen und sich in Buhrufen entladen. Das war einst schon Toscanini höchstselbst passiert: Als das Publikum in UN BALLO IN MASCHERA eine Wiederholung der Tenorarie forderte, weigerte sich Toscanini nämlich energisch und verwandelte damit das Theater in einen wahren Hexenkessel. Zu guter Letzt schlug er mit der Faust auf das Dirigierpult und verschwand von der Bildfläche. Einige Tage später brach er nach Amerika auf – allerdings nicht allein wegen dieses Vorfalls.

2. KAPITEL

Ich wusste also nicht, was ich tun sollte. Die Chorsänger waren unbeweglich stehen geblieben, so wie es der Regisseur gewollt hatte, direkt vor mir. Ich blickte sie fragend an, und langsam und feierlich nickten sie mir zu: »Ja, wir sind bereit. Nur Mut!« Bestärkt durch die Unterstützung des Chores, blätterte ich in den Partiturseiten zurück, und als das Publikum, vor allem im obersten Rang, dies bemerkte, brach ein wahrer Jubelsturm aus.

Ich hätte damals nicht im Traum daran gedacht, welche Welle von heftigen Diskussionen meine Entscheidung auslösen sollte. War die Zugabe gerechtfertigt oder nicht? Das Thema lud sich derart auf, dass es sogar die Titelseiten der Zeitungen besetzte. Sogar die Politik steuerte ihre Kommentare dazu bei.

Wie dem auch sei: Es war eine unvergessliche Erfahrung für mich. Heute würde ein solches Ereignis kaum noch für Schlagzeilen sorgen. Damals war die Leidenschaft für die Oper jedoch in voller Blüte und der Wunsch nach einer Zugabe Ausdruck eines bekennenden Ja zu einer noch immer als lebendig empfundenen Tradition. Giuseppe Tarozzi, ein Verdianer, wie er im Buche steht, schrieb wortwörtlich in seiner Kritik: »Dank Muti sind die Mauern der Scala endlich wieder mit Verdis Musik getränkt worden.«

Eine andere Zugabe des *Va', pensiero*, die ebenfalls für Aufsehen sorgte, war jene vom 12. März 2011 im Teatro dell'Opera in Rom, die ich vom Publikum selbst habe singen lassen. Wenn man so will, geschah dies im Geiste des Risorgimento – ein Aufruf gegen die Kürzungen im Bereich der Kultur. Und zugleich ein Appell, dass unsere Heimat nicht eines Tages als *bella e perduta* (»schön und verloren«) dastehen möge – wie das ersehnte und doch zerstörte Jerusalem, das die gefangenen Hebräer in ihrem Chor besingen.

Andere unvergessliche Erfahrungen mit dem Publikum verbinden sich für mich mit LA TRAVIATA. 1990 brachte ich die Oper nach 26 Jahren erstmals wieder an die Mailänder Scala; die Inszenierung stammte von der Filmregisseurin Liliana Cavani. Jede Menge Neugier, Hoffnungen, Gerüchte und Schmähungen begleiteten die Pro-

benarbeit, die geballten Emotionen des Publikums kochten hoch – natürlich aufgeteilt in Pro und Contra. Die einen jubelten: »Endlich gibt es wieder eine TRAVIATA!« Die anderen machten mir Vorwürfe: »Wie können Sie eine solche Oper anrühren, in der an diesem Hause nur die größten Sängerinnen aufgetreten sind?«
Ich hatte mir aus vollstem Herzen gewünscht, dass diese Musik endlich wieder in dem wunderschönen Saal der Scala erklingen möge. Dabei waren mir die Bedenken gewisser Melomanen herzlich gleichgültig, die sich ihre kostbaren Erinnerungen nur deshalb nicht durch unsere Aufführung »beschmutzen« lassen wollten, weil sie ihrer Meinung nach den Vergleich mit früher nie und nimmer aushalten könnte. Aber man kann den Lauf der Geschichte nicht aufhalten, schon gar nicht den der Operngeschichte mit all ihren Höhen und Tiefen. Also machten wir unsere neue TRAVIATA – mit dem Ergebnis, dass sie dadurch vielleicht etwas von ihrer Unberührbarkeit verloren hat.

Diese Produktion war insgesamt extrem anstrengend, unsere Arbeit ähnelte gleichsam einem Feldzug. Aber mir war klar, dass wir die Schlacht nur gewinnen konnten, wenn wir ein Ensemble aus jungen Sängern zusammenstellen würden. Nicht deshalb, weil man jungen Sängern eher nachsichtig gegenüber ist, sondern weil sie eine Tür in Richtung Zukunft öffnen und damit auch eine neue Morgenröte versprechen.

Die Premiere von LA TRAVIATA fand am 21. April 1990 statt, mit zwei jungen, damals noch weitgehend unbekannten Protagonisten: Tiziana Fabbricini als Violetta und Roberto Alagna als Alfredo. Als ich an diesem Abend den Orchestergraben betrat, beschlich mich die panische Angst, einen Herzinfarkt zu bekommen. Natürlich hatten wir bei den Proben bis zum Umfallen gearbeitet, für Verdi und für unser Publikum, aber der alles beherrschende Gedanke war: Wie würde dieser Abend ablaufen?

Wir hatten das Gefühl, zum Schafott geführt zu werden. Das Publikum verhielt sich ungewöhnlich still, und man spürte förmlich die Spannung zwischen den beiden konkurrierenden Gruppen knistern: Die einen waren froh und glücklich, endlich wieder

2. KAPITEL

LA TRAVIATA an der Scala erleben zu können, die anderen warteten nur darauf, ein Riesenspektakel zu inszenieren, falls irgendetwas schieflaufen sollte. Auch die Musiker verrieten ihre Nervosität, als wir mit dem Vorspiel begannen, doch der ganze 1. Akt verlief ohne jeden Zwischenfall. Nachdem die Fabbricini ihr vokales Feuerwerk abgebrannt hatte, schloss sich der Vorhang, es folgte ein Moment höchster Anspannung, aber dann grenzenlose Erleichterung bei allen Beteiligten: LA TRAVIATA war erfolgreich zurückgekehrt an die Scala, und das Publikum hatte sie in die Arme geschlossen. Es war, als hätten die Mailänder etwas wieder in ihren Besitz genommen, das ihnen schon immer gehört hatte. Ein wahrhaft unvergesslicher Abend!

Das gilt ebenso für die TRAVIATA-Aufführung vom 3. Juni 1995, dem Abend des berühmten Orchesterstreiks, von dem ich völlig nichtsahnend erst um fünf Uhr nachmittags erfuhr. Das Ende vom Lied war, dass ich die komplette Oper vom Flügel aus dirigierte – was einen gewaltigen Wirbel in der Musikwelt zur Folge hatte.

Das Haus war proppenvoll, Teile des Publikums beschimpften den Intendanten, weil sie zu Recht eine Aufführung erwarteten, nachdem sie erst einmal ins Theater hineingelassen worden waren. Vor allem aus den Logen und von der Galerie ertönten Pfiffe und Geschrei. Auf meinem kleinen Bildschirm im Künstlerzimmer konnte ich wütend gestikulierende Menschen erkennen, die wild entschlossen schienen, die Nacht im Theater auszuharren.

Was für eine Demütigung! Denn wenn mir etwas grundlegend zuwider ist, dann eine erzwungene Stille. Derart ein Publikum zu bestrafen, kann und darf keine Form des Protestes gegen zu niedrige Löhne oder zu lange Arbeitszeiten sein. Aber was tun? Plötzlich hatte ich eine Eingebung: Ich würde selbst die Begleitung für die Sänger am Klavier spielen und damit das streikende Orchester ersetzen. Also trat ich vor das Publikum und sagte:»Wie Sie sehen, meine Damen und Herren, ist der Orchestergraben leer, und ein Dirigent ohne Orchester ist sozusagen stumm ...« Große Stille im Saal. Zuvor hatte ein einziges Stimmengewirr geherrscht, jetzt warteten

Im Banne Verdis

alle darauf, wie ich meinen Satz beenden würde. Hätte ich gesagt: »... daher gehen Sie jetzt bitte nach Hause!«, wäre die Hölle los gewesen. Stattdessen machte ich den Zuschauern ein Angebot: »Wenn Sie wollen, kann ich die Oper selbst am Klavier begleiten.« Ein einziger Begeisterungsschrei aus 2000 Kehlen war die Antwort. Kaum konnte ich noch meinen Zusatz loswerden: »Aber geben Sie mir bitte noch einen Moment Zeit ...«

Ich eilte hinter die Bühne zurück und begab mich auf die Suche nach dem großen Konzertflügel, doch dieser war in ein oberes Stockwerk gebracht worden und die Bühnenarbeiter natürlich längst fort. Um ein solches Monstrum an Musikinstrument wieder nach unten zu befördern, hätten wir mindestens eine Stunde benötigt – in dieser Zeit wäre die Scala vermutlich längst in Flammen aufgegangen.

Zum Glück erinnerte sich jemand an einen Stutzflügel in einer der Sängergarderoben. Ich probierte ein paar Tonleitern und merkte schnell, dass er zwar nicht ideal, aber dennoch für unsere Zwecke zu gebrauchen war. Also wurde er, bei geschlossenem Vorhang, schnellstens auf die Bühne geschoben. Doch damit konnte es immer noch nicht losgehen: Denn gleich darauf mussten wir feststellen, dass der Flügel wegen der leichten Neigung des Bühnenbodens Richtung Orchestergraben rutschte. Schließlich wurden unter lautem Hämmern Holzkeile unter das Klavier geschlagen – wer weiß, was das Publikum sich dabei gedacht haben mag!

Zuletzt gruppierte sich das gesamte Ballettensemble, das sich nicht an dem Streik beteiligt hatte, um den Flügel herum, so malerisch wie in einem Pariser Salon des neunzehnten Jahrhunderts. Dann endlich öffnete sich der Vorhang, unter stehenden Ovationen der Zuschauer. Mit dem Vorspiel zum 1. Akt nahm die Aufführung ihren Lauf.

Erst in dem Moment ist mir die ganze Tragweite und Gewagtheit dieser Aktion richtig bewusst geworden. Hätte ich schlecht gespielt, hätte der empörte Aufschrei in den oberen Rängen nicht lange auf sich warten und die wacklige Hilfskonstruktion mit einem lauten Knall in sich zusammenstürzen lassen. Wie schnell und unsanft

2. KAPITEL

kann man aus einer Verzauberung herausgerissen werden! Doch das Schicksal war uns gnädig gesonnen; möglicherweise hat auch der große Verdi selbst seine schützende Hand über uns gehalten. Der Opernchor war zwar im Gegensatz zum Orchester nicht offiziell in Streik getreten, hatte sich aber trotzdem nicht an der Aufführung beteiligen wollen. Was die Sache nur noch interessanter machte, denn auf diese Weise konnten sich die Sänger relativ frei um den Flügel herum bewegen und dabei auf der Bühne ein wenig improvisieren. Am Ende spendete das Publikum dankbar Applaus, einige skandierten sogar meinen Namen. Und nur wenige Stunden später verbreitete sich die Nachricht von dieser denkwürdigen TRAVIATA in Windeseile um die ganze Welt.

3. Kapitel

Der perfekte Einklang aus Wort und Musik

»*Andiam. Andiam.*
Vè, la traggedia mutò in commedia.«

»Gehen wir! Gehen wir!
Siehe, die Tragödie ist zur Komödie geworden.«

Chor in UN BALLO IN MASCHERA,
2. Akt, 5. Szene

Giuseppe Verdi besaß einen sicheren Theaterinstinkt, deshalb passiert in seinen Opern auch nichts zufällig. Sein Gespür für das Drama und den Einsatz der Musik ist nur scheinbar simpel, doch in Wirklichkeit höchst raffiniert und geradezu wissenschaftlich ausgetüftelt. Verdis Bedeutung für das Musiktheater erschließt sich nicht zuallererst aus der ausgeklügelten Orchesterbehandlung oder aus seinen großartigen melodischen Erfindungen – so überwältigende Emotionen sie auch zu entfesseln vermögen und damit das Publikum in ihren Bann ziehen. Nein, der entscheidende Punkt ist der wohlüberlegte dramatische Aufbau seiner Opern.

Niemand anders als Verdi selbst führt hier Regie. Und zwar geschieht dies nicht etwa mittels einfacher szenischer Anweisungen wie »Auftritt von rechts« oder »Abgang nach links«, sondern es findet Ausdruck in der Musik selbst, die klar aufzeigt, wo sich ein Ereignis ankündigt, wann eine Bewegung erfolgt oder wann jemand die Bühne betritt. In gleichem Maße umreißt die Musik sehr plastisch den Charakter der handelnden Figuren.

Nur einem anderen Komponisten ist es gelungen, die Symbiose zwischen Wort und Musik so genial auszuloten: Mozart. Zugleich kommt Verdi in den deklamatorischen Abschnitten seiner Opern als einziger der Perfektion von Mozarts Rezitativen nahe.

Will man also den Komponisten richtig verstehen, so muss man versuchen herauszufinden, was genau er mit seiner Partitur gemeint hat. Besonders Sänger neigen dazu, bei den Rezitativen eher im Ungefähren zu verharren, weil sie glauben, hier hätten sie doch größere Freiheit. Aber diese Freiheit muss erst durch strengste Analyse der Noten erkämpft werden! Man kann die Melodie nicht einfach ohne

Beachtung des Textes einstudieren, sondern muss nach den inhaltlichen Gründen forschen, warum eine Note kurz oder lang ist, warum hier ein Punkt und dort eine Pause steht. Denn wie gesagt: Verdi hat nichts dem Zufall überlassen.

Man weiß, dass er beim Komponieren der Rezitative die Worte des Librettos laut vor sich hin deklamiert hat und dabei in seinem Zimmer auf und ab gegangen ist. Er wiederholte die Worte so lange, bis sie sich selbstständig machten und mit der Melodie vereinigten. So wurde Musik daraus. Damit wird klar, dass der rhythmische Pulsschlag der gesungenen Worte unmittelbar aus der Deklamation des Textes hervorgegangen ist. Allzu nachlässig mit den Rezitativen umzugehen, bedeutet somit nichts anderes, als die Größe Verdis zu beschädigen, denn sie sind keineswegs weniger wichtig als die Arien.

Als Verdi eine so »triviale« Melodie wie *La donna è mobile* aus dem RIGOLETTO komponierte, klang das nicht zufällig wie ein Kneipenlied, sondern er folgte damit einer präzisen dramaturgischen Idee: Er wollte in dieser Szene den schillernden Charakter des Herzogs von Mantua vorführen, wie er mit der verführerischen Maddalena kokettiert, während er am Anfang der Oper in seinem Palast durchaus als Mann von Welt den Damen den Hof macht.

Im 2. Akt von UN BALLO IN MASCHERA wiederum sehen wir Riccardo zusammen mit Amelia, der Frau seines besten Freundes, in einem Moment größter Liebesleidenschaft, der bis an die Grenzen erotischer Erfüllung geht – musikalisch gespiegelt in einem ungewöhnlichen Nonenakkord, der sich dann zu einem Quartsextakkord öffnet, während Riccardo singt: »*Sia distrutto / Il rimorso, l'amicizia / Nel mio seno: estinto tutto, / Tutto sia fuorché l'amor!*« (»Weg mit / den Gewissensbissen, der Freundschaft / in meiner Brust: Alles sei ausgelöscht, / nur noch die Liebe soll herrschen!«)

Gerade in UN BALLO IN MASCHERA hat Verdi seine Freude daran, den Kontrapunkt sehr viel raffinierter als sonst einzusetzen. Es scheint, als wollte er damit demonstrieren, dass er als Komponist nicht nur das Publikum zu überrumpeln vermag, sondern auch in handwerklicher Hinsicht alle Register zu ziehen versteht. Dabei ist der Einfluss der französischen Grand Opéra unverkennbar; gerade der Beginn dieser Oper zeigt aber einen neuen Verdi mit gänzlich unerhörten Klangfarben im Orchester, wie man sie auch in den nachfolgenden Werken nicht wieder finden wird. Bei UN BALLO IN MASCHERA handelt es sich um eine Oper von ganz eigenem Zuschnitt, mit sehr hohen stimmlichen Anforderungen an alle drei Hauptpartien, die Sopranistin, den Tenor und vor allem den Bariton. In der Hosenrolle des Pagen Oscar erkennt man, wie sehr Verdi Mozart kannte und schätzte. Über die Ähnlichkeiten zwischen Oscar und dem Cherubino in LE NOZZE DI FIGARO sind jede Menge Theorien entwickelt worden, die ich jedoch gern den Musikhistorikern überlasse. Auch die Kombination mehrerer Ensembles gleichzeitig – im Finale erklingt hinter der Bühne eine Bläsergruppe, während vorne die Streicher ein Menuett spielen – wäre ohne das Vorbild des DON GIOVANNI undenkbar. Der Einfluss Mozarts spiegelt sich in dieser Verdi-Oper mehr als in jeder anderen. Und dennoch zieht das Liebesduett des 2. Aktes das größte Interesse auf sich. Mit nur wenigen Worten schafft Verdi eine sinnlich-erotische Atmosphäre – für die Wagner sicher 20 Minuten benötigt hätte. Ihm genügt dieser eine Nonenakkord im Orchester, der die ganze Situation in wunderbarer Weise illustriert.

Auch bei anderen Komponisten der Musikgeschichte wie Berlioz oder Tschaikowski sind die Liebesmotive oft durch eine Dissonanz geprägt, die zugleich den Schmerz ausdrückt. Die Liebe kann halt ohne Schmerz nicht sein – eine durch und durch romantische Vorstellung!

Verdi dürfte diese philosophische Idee kaum bewusst reflektiert haben, sie war bei ihm vermutlich eine rein instinktive Eingebung. Aber kehren wir noch einmal zur aufsteigenden Sext im Liebesduett von UN BALLO IN MASCHERA zurück: Sie führt nicht nur hinauf ins himmlische Paradies, sondern genauso ins Paradies sinnlicher Freuden. Wenn Amelia im Moment höchster Erregung endlich Riccardo ihre Liebe gesteht, sind die Worte nicht wichtig, und man muss auch nicht unbedingt verstehen, dass der Tenor mehrfach singt: »*M'ami, Amelia!*« (»Du liebst mich, Amelia!«) Deshalb pflege ich an dieser Stelle das Orchester bis zum Äußersten anzutreiben, so dass die Ge-

3. KAPITEL

sangsstimmen ein Teil der Klangentladung werden, als ob das Liebesgeständnis das gesamte Universum in sich vereinte. Diese Stelle ist für mich wahrlich ein Gipfelpunkt in Verdis Schaffen! Und mag auch ein Herrscher im Mittelpunkt der Handlung stehen, so geht es in der Geschichte doch eigentlich um drei ganz »normale« Menschen, eine typische Dreiecksgeschichte, wie sie jedem gewöhnlichen Sterblichen passieren könnte. Wir erleben hier den reifen Verdi, der die ganze Glut einer leidenschaftlichen Liebe in Musik ausdrückt. Als der Komponist 28 Jahre später, im Jahr 1887, den OTELLO vertont – wohlgemerkt: Shakespeares OTHELLO in der Bearbeitung Arrigo Boitos –, macht die Beschreibung einer sinnlich-konkreten Liebe einer Meditation über die Liebe an sich Platz. Und als wiederum sechs Jahre später, 1893, FALSTAFF uraufgeführt wird, hat Verdi inzwischen den letzten Abschnitt seines Lebens erreicht und blickt mit Distanz auf alles Vorhergehende zurück. Die Liebe wird zum unschuldigen Spiel zweier junger Menschen wie Nannetta und Fenton.

Die modernste Oper Verdis im Hinblick auf das dramatische Gesamtkonzept ist freilich RIGOLETTO. Als der Komponist in seinen späteren Lebensjahren gefragt wurde, welche seiner Opern im Falle eines Brandes unbedingt gerettet werden sollte, erwiderte er: »Mein buckliger Narr.« Ihm war klar, dass er mit RIGOLETTO nicht nur seine menschlich bewegendste, sondern auch künstlerisch kühnste Oper komponiert hatte.

Von den drei Opern der berühmten Trilogie – RIGOLETTO von 1851, IL TROVATORE und LA TRAVIATA von 1853 – sticht erstere wegen ihrer kompakten, einheitlichen Struktur hervor, die keine geschlossenen Arien zulässt, damit jeder Akt nahtlos und ohne Unterbrechung durchlaufen kann. Dementsprechend bezieht sich jede Note auf das, was zuvor passiert ist, und auf das, was folgt. Sie nimmt damit gewissermaßen den großen dramatischen Bogen Richard Wagners vorweg – eine Musik, die entsteht und zugleich vergeht, wie ein Komet, der im rasenden Absturz schon wieder verlöscht.

Der perfekte Einklang aus Wort und Musik

Der RIGOLETTO, am 11. März 1851 in Venedig uraufgeführt, beginnt mit dem berühmten Motiv: »*Quel vecchio maledivami!*« (»Dieser Alte hat mich verflucht!«) Schon mit den allerersten Noten steht also das Thema des Fluches – oder besser: des Schicksals – im Raum, das Verdi im Laufe der Oper immer wieder aufnimmt. Ursprünglich hatte er sogar den Plan gehabt, die Oper LA MALEDIZIONE (DER FLUCH) zu nennen, was aber von der Zensur untersagt wurde.

Bei meinem intensiven Studium der Oper ist mir klar geworden, dass der Komponist mit diesem musikalischen Motiv wie ein Wissenschaftler arbeitet. Der ganze RIGOLETTO basiert gewissermaßen auf einer einzigen Note, dem C, mit dem die Oper einsetzt und aus dem sich das Fluch-Motiv entwickelt. Man könnte demnach auch von einer »epizentrischen« Oper sprechen; denn jede Figur, die in den magischen Kreis des Fluches gerät, wird von dem Bannstrahl dieser Note gepackt und angezogen. Ein Entrinnen ist nicht möglich; an diesem grauenvollen Ort muss alles untergehen.

Leider hat jedoch auch RIGOLETTO seit jeher unter allerhand Änderungen und Missverständnissen selbstherrlicher Interpreten zu leiden. Singt der Tenor beispielsweise die Arie *La donna è mobile* mit dem hohen H zum Abschluss (wie es definitiv von Verdi *nicht* vorgesehen war), hält er die Aufführung auf diese Weise zwangsläufig an und begeht den größtmöglichen Affront gegenüber den Absichten des Komponisten. Verzichtet man dagegen auf derlei Abänderungen, gerät das Publikum gar nicht erst in Versuchung zu applaudieren, und der letzte Akt kann von Anfang bis Ende ohne Unterbrechungen vonstattengehen.

Ein anderes weitverbreitetes Missverständnis betrifft die Stelle, wenn Rigoletto singt: »*Mi coglierà sventura?*« (»Wird das Unglück mich einholen?«), darüber seinen Buckel und seine Lähmung vergisst, sich aufrichtet und ein nicht enden wollendes hohes G schmettert: »*Ah no, è folliiiia!*« (»Ah nein, das ist Waaahnsinn!«) Davon, von diesem Aufschrei, steht nichts bei Verdi! Was Rigoletto singt, ist bloß ein einfacher Gedanke, denn er fragt sich: »Werde ich von diesem Fluch eingeholt werden?« Dann senkt er quasi den Kopf und gibt sich selbst die Antwort: »Nein, das ist nicht möglich, ein solcher

3. KAPITEL

Gedanke wäre Wahnsinn.« Von Triumphgefühl, wie es ein lang ausgehaltenes G ausdrückt, kann also keine Rede sein!

Verschärfend kommt noch hinzu, dass das Publikum stürmisch zu applaudieren pflegt, wenn der hohe Ton brillant gesungen wird, so dass niemand die nachfolgenden Orchesterakkorde hört: ein Glück versprechendes C-Dur, musikalisch gesehen ein verblüffender Übergang zum Auftritt Gildas, die freudig ihren Vater in die Arme schließt.

IL TROVATORE, eine Oper ganz anderen Zuschnitts, setzt auf die großen Spannungsbögen. RIGOLETTO gibt sich kompakt und temporeich, IL TROVATORE dagegen ausladend. Man taucht in die Oper ein wie in einen Wald, der aus unzähligen Klängen und Echos, gleißendem Feuer- und Mondenschein besteht. Hinzu kommen die riesigen räumlichen Ausmaße: Vergeblich sucht man nach dem Häuschen von Rigoletto, dem Inneren eines Palastes oder einer Taverne. IL TROVATORE wird stattdessen beherrscht von Türmen und Zinnen, und dementsprechend türmt sich auch die Musik zu gewaltigen Szenen.

Rezitation hat hier wenig Platz; das macht die Ausführung schwieriger als bei den beiden anderen Opern der Trilogie. Als Jugendlicher erlebte ich, wie die meisten anderen Menschen auch, IL TROVATORE als ein Stück, in dem es nur um Feuer und Krieg geht. Inzwischen hat sich meine Meinung über den Grundgedanken von IL TROVATORE deutlich geändert.

Reden Italiener von LA TRAVIATA oder von IL TROVATORE, dann hauchen sie ersteren Titel zumeist mit gedämpfter, zarter Stimme, während sie für den zweiten einen männlich-kraftvollen Ton bevorzugen. Eigentlich stimmt aber genau das Gegenteil: Zu IL TROVATORE würde ein poetischer Zungenschlag viel besser passen, geht es hier doch um einen Dichter, einen schlichten Künstler, der sich selbst auf der Laute begleitet. Dagegen müsste der Titel LA TRAVIATA sozusagen mit zusammengepressten Lippen ausgesprochen werden, schließlich handelt es sich bei der Hauptperson um eine Prostituierte, die – wie der Name schon sagt – vom rechten Weg abgekommen ist. Wenn also bereits die Titel völlig unzutreffend ausgesprochen werden, wie will man dann dem Publikum erst beibringen, dass IL TROVATORE eine Oper der *pianissimi* ist? In der Partitur finden sich unendlich viele *piani* und *pianissimi*, an einer Stelle – kurz vor dem Finale des 2. Teils – sogar ein *ppppp*.

Musikalisch erinnert IL TROVATORE von der ersten bis zur letzten Note an einen großen Strom, aber im Hinblick auf Klangfarben oder Erfindungsreichtum ist er die am wenigsten interessante Oper innerhalb der Trilogie. In RIGOLETTO stehen die Kombination von Solo-Violoncello und Solo-Kontrabass im Duett zwischen Rigoletto und Sparafucile oder der Gebrauch des Englischhorns für Verdis Suche nach einer Erweiterung des Klangspektrums. Und auch in LA TRAVIATA, die auf den ersten Blick eher unscheinbar wirkt, fällt immerhin der ungewohnte Einsatz der Streicher auf, die gerade in den Rezitativen als verstärktes Ausdrucksmittel genutzt werden. Nichts davon in IL TROVATORE, wo das Orchester ganz und gar den Sängern untergeordnet wird. Zuerst kommt der Gesang, dann der Gesang – und dann noch mehr Gesang. Was man also am dringendsten benötigt, sind gleich vier großartige Sänger. Doch wo findet man die heutzutage?

Außerdem sollen diese Sänger auch noch verliebte junge Menschen darstellen. Gerade der Graf Luna darf nicht der übliche Baritonschurke sein, sondern verdient unser Mitleid. Denn in seiner Rolle steckt sehr viel Tragik, Liebe und Einsamkeit. Er verliert am Ende alles, ist aber trotzdem verdammt weiterzuleben, während alle um ihn herum – nicht zuletzt durch seine Schuld – sterben. Da ist es nur ein schwacher Trost, dass Graf Luna mit *Il balen del suo sorriso* (»Das Strahlen ihres Lächelns«) die schönste Arie der ganzen Oper singen darf.

Mag auch das Feuer in IL TROVATORE eine wichtige, immer wiederkehrende Rolle spielen, so ist doch die Nacht das wahre »Leitmotiv«. Darin gleicht die Oper einem Gemälde von Arnold Böcklin oder einem Gedicht von Ugo Foscolo – beide übrigens Zeitgenossen Giuseppe Verdis. Vieles muss hier zusammenkommen: die fantastische Atmosphäre aus Nacht, Burgen und Träumen, dazu glaubhafte Darsteller. Dann ist die Wirkung von IL TROVATORE grandios.

3. KAPITEL

Mit LA TRAVIATA verlassen wir die epische, mythologische, fantastische Welt, die Legende und das Märchen und wenden uns dem realen Leben zu. Es geht hier – wie in Mozarts COSÌ FAN TUTTE – um das alltägliche Leben, zu dem Liebesrausch und Eifersucht genauso gehören wie Trauer und Krankheit, Hoffnungen und Enttäuschungen. LA TRAVIATA trägt definitiv autobiografische Züge, denn die Oper prangert eine rückständige bürgerliche Gesellschaft an, die unter dem Deckmäntelchen der guten Sitten die Nase rümpfte über Verdis ungeniertes Zusammenleben mit seiner Geliebten Giuseppina Strepponi in Sant'Agata. Es geht hier nicht nur um eine unglückliche Liebesgeschichte, sondern auch um den ganz normalen Alltag – eine Einsicht, die vielleicht erst aus heutiger Sicht richtig zum Tragen kommt.

Verdis Wagnis bestand vor allem darin, Männer und Frauen seiner Zeit direkt auf die Bühne gebracht zu haben. So gesehen ist die Unsterblichkeit dieser Oper einmal mehr gegeben, da zu der besonderen Qualität der Musik auch die zeitlose Aktualität der Geschichte selbst hinzukommt.

Aber auch LA TRAVIATA hätte eine völlige Neuinterpretation einmal dringend nötig, um die über Jahrzehnte eingeschliffenen Aufführungsmuster aufzubrechen. Man darf nie vergessen: LA TRAVIATA ist eine Oper des Todes. Schon wenn sich der Vorhang hebt, lebt Violetta im Bewusstsein ihrer tödlichen Krankheit und will deshalb nichts mehr von Liebe wissen. Bis jetzt hat sie sich dem Wein, den ausschweifenden Festen und den Liebschaften vor allem deswegen hingegeben, um ihre traurige Situation zu vergessen – die wahre Liebe hätte sowieso keinerlei Zukunft.

Von tödlicher Tristesse sprechen auch die beiden Vorspiele zum 1. und 3. Akt der Oper, sie atmen – besonders das zweite Vorspiel – den Geruch nach Friedhof, nach modrigem Laub im Regen. Verdis Musik nimmt sehr direkt und ohne Umschweife das tragische Thema auf. Alles klingt wie ein tödlicher Absturz.

Darin ist Verdi wirklich genial. Mit wenigen Noten schafft er es, eine ganze Welt zu umreißen. Er benötigt keineswegs 20 Seiten und großes sinfonisches Tamtam, um eine Situation musikalisch auszumalen. Dem Blick in den Abgrund folgt erst einmal eine gewisse »Hinhaltetaktik«; aber auch diese Verzögerung muss so dargestellt werden, dass sie auf den Zuhörer wie ein Albtraum wirkt und neue Ängste in ihm auslöst. Betrachten wir unter dieser Prämisse die berühmten Triller am Ende von Violettas großer Arie *Sempre libera* (»Immer frei«) im 1. Akt: Verdi drückt damit Glückseligkeit und Lebensfreude aus, die aber gleichzeitig eine Art Kontrollverlust signalisieren. Violetta jubelt und verbrennt sich in diesen Trillern. Zudem tauchen in der Musik genialerweise all die Personen auf, die eine Schlüsselrolle in der Oper einnehmen. Sie bewegen sich wie ferngesteuerte Traumgestalten auf diesem rauschhaften Fest – selbst Sklaven der verfahrenen Situation, der sie zu entfliehen suchen.

Im allgemeinen Durcheinander blüht die Liebe auf wie eine Blüte; sie nimmt sogar verklärende Züge an, weil sie trotz der unheilvollen Todesahnungen in einem gegenseitigen Liebesversprechen gipfelt. Bis zum bitteren Ende bleibt ein Funken Hoffnung, wie in dem Duett *Parigi, o caro/a, noi lasceremo* (»Verlassen wir Paris, mein Leben«) deutlich wird, das jedoch gern im Tempo eines Trauermarschs gesungen wird – so als wollte Alfredo mit diesem Trauergesang seine Geliebte noch etwas schneller ins Jenseits befördern. Verdi dagegen gibt in LA TRAVIATA stets klare Tempoanweisungen, die eher eine Bewegung verlangen (wie *andante, andantino* oder *andante mosso*) und damit den Gang des Lebens symbolisieren, der auch nie zum Stillstand kommt.

Alfredo versucht in diesem Duett tatsächlich, Violetta so etwas wie Hoffnung einzuflößen, er lügt sie nicht an. Denn er hofft für sie und für sich selbst. Violetta greift das Fünkchen Hoffnung auf und scheint dabei neuen (Lebens-)Mut zu schöpfen. Aber es ist nichts anderes als der letzte faule Betrug von Gevatter Hein, der uns oftmals genau in dem Moment weismachen will, dass Besserung eintreten könnte, wenn er im Begriff ist, den Todesstoß zu versetzen.

Nach Vollendung der genannten Trilogie erfolgte bei Verdi eine bewusste formale Neuorientierung. Entscheidend war dabei mit Sicherheit der Einfluss der französischen Grand Opéra, der mit einer auffälligen Vergrößerung des szenischen Aufwands einherging. Hinzu kamen historische und religiöse Stoffe, die jede Menge Massenszenen und damit viel Volk auf der Bühne erforderten. Aber nach I VESPRI SICILIANI und SIMON BOCCANEGRA hat Verdi erst mit AIDA eine wirklich überzeugende Lösung für diese formalen Neuerungen gefunden.

Im Vergleich zu den älteren Mustern mit ihrer absoluten Vorherrschaft des vokalen Elements stellt AIDA eine entscheidende Kehrtwende dar, denn hier gewinnt das Orchester deutlich mehr Mitspracherecht. Zwar ist die Oper im besten Sinne volkstümlich geworden, doch gerade wegen der orchestralen Meisterschaft des Komponisten hat das ihrem Ansehen nie geschadet. Besonders die Instrumentierung erweist sich als außerordentlich vielschichtig und verfeinert, nicht nur in der Eleganz, mit der Verdi das exotische Ambiente Ägyptens einfängt. Die perfekte Verschmelzung von Tradition und Neuerung verdankt sich auch dem ungewöhnlichen Stoff der Oper sowie der feierlichen Atmosphäre, in der sich die Protagonisten bewegen. AIDA war übrigens ein Auftragswerk des ägyptischen Khediven Ismail Pascha zur Eröffnung des neuen Opernhauses in Kairo – und nicht des Suezkanals, wie oft fälschlicherweise behauptet wird.

Im Laufe des Jahres 1870, als Verdi sich mit der Komposition beschäftigte, lag die Trilogie schon lange hinter ihm. Dies zeigt sich vor allem an dem kolossalen Aufriss der aus vier Akten bestehenden Oper, die durch effektvolle Bühnenarrangements mit imposanten Chorszenen Eindruck macht. Am frappierendsten bleibt die Tatsache, dass es ihm gelang, die Stimmung des nächtlichen Nils, der Wüste und des orientalischen Lichts heraufzubeschwören, ohne je in Ägypten gewesen zu sein. Das Vorspiel zum 3. Akt mit der Flöte und den arpeggierenden Violinen suggeriert förmlich den Widerschein des Mondes auf den Wellen des magisch-glitzernden Stroms.

Zu Zeiten der Uraufführung der AIDA – am 24. Dezember 1871 – grassierte in ganz Europa eine veritable Ägyptenmode, wozu Verdi mit seiner Oper wohl mehr als manches Museum beigetragen haben dürfte, zumal er mit diesem Werk seine früheren Opern an musikalischem Einfallsreichtum weit übertroffen hat. Der große Erfolg der AIDA beim breiten Publikum beruht allerdings nicht zuletzt auf ihrer mitreißenden dramatischen Spannung. Das hat Verdi selbst durchaus erkannt, als er gestand: »Meine AIDA hat mehr Biss, und sie besitzt – das Wort sei erlaubt – mehr Theatralik als meine anderen Opern.«

Dieser Aspekt der Theatralik in Verdis Opern bringt uns zwangsläufig dazu, unser Augenmerk auf seine Textbücher und die Beziehung zu seinen Librettisten zu lenken. Grundsätzlich geht Verdi – das sollte man immer präsent haben – vom Text aus. Seine Musik entsteht für bestimmte Worte, sie ist von den Worten inspiriert, dann führt sie darüber hinaus und lässt den Ursprung zum Teil auch vergessen (was, wie wir wissen, leider zur Folge hat, dass manche Sänger diese Worte aussprechen, ohne auch nur ansatzweise darüber nachzudenken, was sie da eigentlich singen). Verdi hat seinen Librettisten nicht nur genau auf die Finger geschaut und ihnen bisweilen sogar gedroht, um sie zu besserer und schnellerer Arbeit anzutreiben. Er hat auch eigene Vorschläge gemacht und ist damit des Öfteren selbst in die Rolle des Textdichters geschlüpft.

Verdis Operntexte zeichnen sich für mein Gefühl durch ihre besondere Prägnanz und Effektivität aus. Mit wenigen Worten wird eine ganze Situation umrissen. Wenn der Herzog von Mantua in RIGOLETTO singt: »*Due che s'amano son tutto un mondo*« (»Zwei, die sich lieben, sind eine Welt für sich«), dann scheint das für sich genommen ein trivialer Satz. Ein Libretto muss jedoch verkürzen und verknappen, und gerade eine so überschwängliche Schwärmerei passt perfekt zu einem Frauenhelden, der im Begriff ist, ein Mädchen wie Gilda in die Abgründe der Verführung zu zerren.

Für mich steht jedes Wort in Verdis Texten genau am richtigen Platz. Manchmal spreche ich einzelne Sätze aus seinen Libretti sogar laut vor mich hin, wohl wissend, dass es sich hierbei nicht um große Literatur handelt. Aber sie dienten Verdi eben auf perfekte Weise für seine Kompositionen. Darin ähneln sie den unförmigen Marmorblöcken aus Carrara, die erst der große Michelangelo mit seinem Meißel zum Leben erweckte und zu Meisterwerken machte.

Verdis bevorzugter Librettist der späten Jahre war der hochgebildete Mailänder Dichter, Übersetzer und Komponist Arrigo Boito. Verdi und er kamen auf Anregung des Musikverlegers Giulio Ricordi miteinander in Kontakt; eine umfangreiche Korrespondenz dokumentiert ihre kongeniale, von großem Vertrauen geprägte Zusammenarbeit, die Verdi noch einmal zu Höchstleistungen anspornte. Boito bearbeitete für ihn in meisterlicher Weise Dramen William Shakespeares zu OTELLO und FALSTAFF. Hier gewinnen die Worte selbst eine große poetische Kraft. Im FALSTAFF kommen noch die vielen Neuschöpfungen des begnadeten Schriftstellers hinzu.

Schon bei der Zusammenarbeit mit seinen früheren Textdichtern hatte Verdi seinen Spaß daran, mit Wörtern zu spielen. Manche eingängigen Textstellen haben dann im Volksmund auch zweideutige Veränderungen erlebt, durch die wiederum die Popularität des Meisters beträchtlich gestiegen ist. Ein hübsches Beispiel dafür bietet die Stelle aus dem RIGOLETTO, wenn der Herzog von Mantua, als Student verkleidet, zu Gilda eilt und dort auf einen vermeintlichen Nebenbuhler trifft: »*Ah, cogliere potessi il traditore che sì mi sturba.*« (»Oh, könnte ich den Verräter schnappen, der mich hier so stört.«) Im Volksmund wurde umgehend aus »*sì mi sturba*« ein »*si masturba*« ...

Jeder Interpret hat sich unbedingt mit dem Text des von ihm dargebotenen Werkes auseinanderzusetzen! Das gilt nicht weniger für die Sänger in den Ensembles, auch wenn jeder parallel andere Worte singt und dementsprechend das Publikum in diesem Durcheinander sowieso nichts mehr versteht. Ob Sänger oder Dirigent: Wer sein Verständnis von einem Text vertiefen will, muss logischerweise jedes Wort und jede Wortneuschöpfung inhaltlich nachvollziehen. Anderenfalls hätte der Dirigent ja nichts anderes zu tun, als nur die reinen Silbenklänge mit der Musik zu synchronisieren – ungeachtet des Inhalts und seiner Bedeutung.

Temistocle Solera, der wie sein Kollege Arrigo Boito ebenfalls aus Mailand stammte und mehrere Libretti für den frühen Verdi schrieb, hat beispielsweise in seinen ATTILA eine gewisse Bedeutungsschwere hineingelegt. Im großen Ensemble des ersten Teils drückt der Chor aus Hunnen, Herulern und anderen Stämmen mit den folgenden Worten Attilas Persönlichkeit aus: »*Se flagella è torrente che innonda; / è rugiada se premia il valor.*« (»Wenn er geißelt, ist er wie ein Sturzbach / und wie der Tau, wenn er belohnt.«) Das klingt reichlich barock, aber es trifft als Bild genau. Während der Chor diese Worte ausspricht, singt Odabella, die Attila später ermorden wird: »*Di vendetta l'ora è giunta ... / fu segnata dal Signor.*« (»Die Stunde der Rache ist gekommen ... / sie wurde von Gott bestimmt.«) Und Attila selbst singt noch etwas anderes. Kurz: Die Stimmen überlagern sich in mehreren Schichten, und das Publikum verliert völlig den Durchblick.

Interessanterweise wird Attila an dieser Stelle quasi von der Masse des Chores und des Orchesters überrollt. Das passt zwar, allerdings lässt Verdi dazu den Chor deklamieren: »*Quell'ardire, quel nobile viso. / Dolcemente mi fiedono il cor!*« (»Was für ein Feuer, was für ein edler Anblick. / Sanft durchdringen sie das Herz!«) Nie zuvor in meinem Leben hatte ich das Verb *fiedere* gehört, und deshalb hat es mich gereizt, dem einmal nachzugehen. Schließlich habe ich das Wort bei Dante in der GÖTTLICHEN KOMÖDIE gefunden (*Fegefeuer*, Gesang IX, Vers 25 und Gesang XXVIII, Vers 90)!

Manchen mag es als Pedanterie erscheinen, wenn jemand die Bedeutung eines einzelnen Wortes recherchiert, das sowieso in der Masse des Chores und des Orchesters untergeht und vom Publikum überhaupt nicht wahrgenommen wird. Aber nur so, davon bin ich fest überzeugt, kann man als Dirigent den Schlüssel zur richtigen Interpretation eines Werkes finden.

Ich erinnere mich, wie einmal der 90-jährige Marcel Prawy, über ein halbes Jahrhundert lang Dramaturg an der Wiener Staatsoper, zu meinen TRAVIATA-Proben bei den Salzburger Festspielen kam. Besonderen Eindruck hinterließ bei ihm eine Probe mit dem Bariton Renato Bruson, mit dem ich eine geschlagene halbe Stunde an einer einzigen Phrase des Vaters Germont arbeitete: »*È grave il sacrifizio, /*

3. KAPITEL

ma pur tranquilla udite. / Bella voi siete e giovane. / Col tempo ...« (»Ihr Opfer ist groß, / aber hören Sie mir trotzdem in Ruhe zu. / Sie sind schön und jung. / Mit der Zeit ...«)
Ich bat Bruson, zwischen dem »*Col*« und »*tempo*« eine minimale Zäsur zu machen, wie eine Art Verlegenheitspause – woraufhin Violetta antwortet: »*Ah, più non dite* ...« (»Oh, reden Sie nicht weiter...«), weil sie selbst vor dem Gedanken erschaudert, dass sich mit der Zeit tatsächlich alles für sie ändern wird. Außerdem schlug ich Bruson vor, dass er den beiden Wörtern unterschiedliche Färbungen geben sollte – aber gut aufeinander abgestimmt, also nicht zu stark und nicht zu schwach. Einige Zeit später erhielt ich einen Brief von Prawy: »Wie oft habe ich in meinem Leben schon LA TRAVIATA gehört, aber noch nie war mir diese Stelle aufgefallen.« Genau darin liegt der Wert einer gründlichen Beschäftigung mit Giuseppe Verdi!

Üblicherweise gehen diese Feinheiten unbemerkt am Zuhörer vorbei, niemand nimmt sie wahr, weil sie unwichtig erscheinen, und man begnügt sich lieber mit den gängigen Lösungen: Der Sänger legt sich eine Hand aufs Herz und glaubt, allein damit alle Gefühle ausdrücken zu können. Will er Gleichgültigkeit demonstrieren, reißt er einfach die Hand in die Höhe. Fängt man allerdings erst einmal an, sich mit der Frage des richtigen Rezitierens auseinanderzusetzen, tun sich wahre Abgründe auf. Und dennoch darf man nicht einfach leichtfertig darauf verzichten, denn – ich wiederhole es noch einmal – Verdi kann und darf man nicht nur »schön« singen.

Was aber tun, wenn keine Zeit dafür vorhanden ist? In den staatlichen Theatern Italiens finden oft genug Aufführungen ohne jegliche Proben statt. Dirigent und Sängerensemble kommen erst am Abend vorher zusammen und bringen am folgenden Tag die Oper mit viel Improvisation und Routine über die Bühne. So etwas empfinde ich schlicht und einfach als Herabwürdigung von Verdis Genie.

Den letzten Teil dieses Kapitels möchte ich den Regisseuren widmen, mit denen ich im Laufe der Jahre zusammengearbeitet habe. Eine stattliche Reihe, könnte man sagen, aber am nachhaltigsten war sicher meine Begegnung mit Giorgio Strehler. Mit ihm, dem legendären Brecht- und Shakespeare-Regisseur und langjährigen Leiter des Piccolo Teatro di Milano, hatte ich das Glück, drei Opern zu erarbeiten: LE NOZZE DI FIGARO, DON GIOVANNI und FALSTAFF. Von Giorgio Strehler habe ich unglaublich viel gelernt – nicht nur, was einen guten Schauspieler ausmacht. Ich habe auch verstanden, was es heißt, weder altmodisch noch modern zu sein, sondern einfach nur großartig – was mit fortschrittlich oder rückständig nichts zu tun hat. Strehler war einfach Strehler. Er kannte die Partitur in- und auswendig, so dass er nie gegen die Musik inszeniert hätte. Er arbeitete immer eng mit dem Dirigenten zusammen, und mit der Oper selbst verband ihn eine Art Liebesbeziehung, die er jedoch vor der Premiere radikal beendete. Zu mir sagte er dann: »Nach der Generalprobe wirst du mich hier nicht mehr sehen. Dann wirst du dich allein damit vergnügen müssen.«

Eines Abends betrat ich gegen 20 Uhr unbemerkt den Saal, während Strehler eine Beleuchtungsprobe abhielt – nur er und die Beleuchter. Was ich sah, war fantastisch: ein wundersames Bild, ein Traum aus Blautönen und anderen intensiven Farben, so typisch für seine Inszenierungen. Noch nie hatte ich eine so magisch ausgeleuchtete Bühne gesehen. Strehler probierte bis Mitternacht und feilte immer weiter an irgendwelchen Details herum, obwohl mir längst alles perfekt erschien. Diese Erfahrung hat mich geformt: Strehlers Einstellung als ewig Suchender lebt sozusagen in mir weiter.

Was die anderen Regisseure betrifft, so denke ich mit Dankbarkeit und Wehmut an den früh verstorbenen Franco Enriquez zurück, eine für mich besonders prägende Persönlichkeit, denn mit ihm zusammen habe ich beim Maggio Musicale in Florenz meine ersten Opernerfahrungen gesammelt, 1974 mit Gaspare Spontinis AGNESE DI HOHENSTAUFEN. Gern erinnere ich mich auch an Luca Ronconi, Roberto de Simone oder auch an den Engländer Graham Vick und den deutschen Filmregisseur Werner Herzog.

Mit einigen deutschen Regisseuren habe ich aber auch massive Probleme gehabt, weil sie bisweilen italienische Opern inszenieren, ohne sie richtig verstanden zu haben, und Dinge hineinmixen, die partout nichts mit dem Werk zu tun haben. Was soll ein Don Gio-

3. KAPITEL

vanni auf einer Lambretta, im Ferrari oder gar im Rollstuhl, eine Mimì auf Drogen, DIE ENTFÜHRUNG AUS DEM SERAIL auf einer Yacht der Camorra oder der RIGOLETTO in einem Londoner Pub, der von Mafiosi betrieben wird? Einer dieser Regisseure hatte wirklich überhaupt nichts begriffen. Im 2. Akt von LA TRAVIATA, wenn Vater Germont bei Violetta vorstellig wird, sagt er ihr, salopp ausgedrückt, etwa Folgendes: »Hör' mal gut zu, du bist nicht gerade die Unschuld in Person, mach dich gefälligst fort von hier, sonst ruinierst du mir den guten Ruf meiner Familie.« Verdi kündigt Germonts Ankunft mit einer Musik an, bei der man sofort erkennt, dass hier ein selbstgefälliger, wenig sympathischer Typ auf die Bühne kommt. Vater Germont müsste folglich bereits zu dieser Musik auftreten, um sich dann mit einem schmierigen »Madamigella Valéry?« an Violetta zu wenden. Besagter berühmter Regisseur jedoch ließ während des Vorspiels niemanden auftreten. Erst am Ende brach Vater Germont mit Überschallgeschwindigkeit aus der Kulisse hervor und brüllte zornentbrannt: »Madamigella Valéry?« Das ist nicht nur eine völlige Fehlinterpretation – das ist blanker Verrat an Verdi! Und hat wirklich nichts mehr mit Kategorien wie »fortschrittlich« oder »rückständig« zu tun. Darin zeigt sich lediglich die Unfähigkeit eines Regisseurs, die Zeichen der Musik zu erkennen, um sie dann in eine Inszenierung umzusetzen, die eben nicht die Partitur vergewaltigt.

Bleibt noch die Erwähnung eines ganz besonderen Bühnenbildners, mit dem mich ebenfalls unvergessliche Erinnerungen verbinden: Giacomo Manzù. Hinter diesem einfachen, vielleicht sogar etwas derben Charakter verbarg sich ein echtes Genie! Als wir uns 1981 für Glucks Oper IFIGENIA IN TAURIDE (IPHIGENIE AUF TAURIS) in Florenz trafen, bat er mich, ihm die Handlung zu erzählen. Und während ich noch sprach, begann er ohne zu zögern, ein Medaillon zu zeichnen, das später im Zentrum der Inszenierung stehen sollte.

Mit ihm zusammen habe ich in Florenz 1975 auch den MACBETH gemacht – alles in Weiß im Stil einer mittelalterlichen Trauerfeier, mit einer weißen Mauer, die quer über die Bühne verlief, dazu eine

Lanze und ein Leichentuch. Nichts behinderte die Entfaltung der Musik, im Gegenteil: Verdis Partitur fand in dieser schlichten Szenerie eine großartige Unterstützung.

Dabei kommt mir ein Satz in den Sinn, den ich im Briefwechsel zwischen Wassily Kandinsky und Arnold Schönberg gelesen habe. Bekanntlich hat der Komponist Schönberg auch gemalt, während der Maler Kandinsky viel von Musik verstand. Schönberg vermerkt da, im Zusammenhang mit der Inszenierung seines frühen Einakters DIE GLÜCKLICHE HAND: »Wenn sich der Zuschauer bei einem Bilderrätsel erst fragen muß, was es bedeutet, so überhört er einen Teil der Musik. Das mag ihm zwar angenehm sein, aber mir ist es unerwünscht.«

Genauso sehe ich es auch: Auf der Bühne dürfen nur Dinge geschehen, die der Betrachter problemlos verstehen kann, sonst wird er viel zu sehr von der Musik abgelenkt.

4. Kapitel

Wer kann in die Zukunft schauen?

»Vieni, e t'asconda il velo
Ad ogni sguardo umano.
Aura o pensier mondano
Qui vivo più non è.
Al ciel ti volgi e il cielo
Si schiuderà per te.«

»Komm! Der Schleier verhüllt dich
vor jedem menschlichen Blick!
Weltliches Fühlen und Denken
leben nicht an diesem Ort.
Wende dich dem Himmel zu,
und der Himmel öffnet sich dir.«

Chor der Nonnen in IL TROVATORE,
2. Akt, 3. Szene

Wie oft liest man die völlig überflüssige Frage: War Verdi ein religiöser Mensch? Eines lässt sich immerhin feststellen: dass er aus tiefstem Herzen ein *mangiapreti*, ein »Pfaffenfresser« war. Er wurde schließlich in der Emilia Romagna geboren, in der seit jeher die »Pfaffenfresser« zu Hause sind. Manche haben ihn einen Agnostiker genannt, andere einen Atheisten, aber wer kann sich schon in die Kleider, in den Kopf oder gar das Herz eines anderen Menschen hineinversetzen? Uns bleibt nichts anderes übrig, als Verdis Haltung gegenüber dem Allmächtigen und dem Jenseits mithilfe seiner Musik zu deuten versuchen.

In vielen Verdi-Opern findet sich ein direkter Bezug zum Jenseits, vor allem am Schluss, wenn der Wunsch nach Liebe und Versöhnung aufscheint. Das lässt auf einen Menschen schließen, der in gewisser Weise dem christlichen Glauben verbunden war. So endet die erste Fassung von LA FORZA DEL DESTINO tragisch: nämlich mit dem Tod des Don Alvaro durch die eigene Hand. Das aber änderte Verdi in der zweiten Fassung, mit den mahnenden Worten des Padre Guardiano im Angesicht des Allmächtigen: »*Non imprecare; umiliati a lui ch'è giusto e santo. / Chi adduce a eterni gaudi per una via di pianto.*« (»Verfluche ihn nicht; erniedrige dich vor dem, der gerecht und heilig ist. / Der dich auf dem Wege der Trauer zu ewigen Freuden führt.«)

Im Finale von AIDA – wo die Religion ganz sicher keine zentrale Rolle spielt – singen die beiden Liebenden Aida und Radamès im Gefühl des nahenden Todes: »*A noi si schiude il ciel.*« (»Für uns öffnet sich der Himmel.«) Und RIGOLETTO endet zwar mit dem allgegenwärtigen Fluch des Monterone, doch Gildas letzte Worte fließen über vor Liebe und Mitgefühl. Man sieht, dass sich Verdis Blick auch

4. KAPITEL

in so blutrünstigen und gewalttätigen Opern immer in expliziter Weise gen Himmel richtet.

Das will nicht heißen, dass der Komponist ein gläubiger Mensch gewesen wäre. Als Laizist steckte er voller innerer Zweifel. Und dennoch stimmt die Art, wie der alte Verdi Dantes Verse in den QUATTRO PEZZI SACRI vertont hat, in frappierender Weise mit einigen zentralen theologischen Aussagen überein: Der Vers »*Vergine madre, figlia del tuo figlio, / umile e alta più che creatura*« (»Jungfrau und Mutter, Tochter deines Sohnes, / Demütigste und Höchste der Erschaffnen«), so verstörend in seiner Widersprüchlichkeit, so prägnant in seiner poetischen wie theologischen Sinnhaftigkeit, benötigte mehr als jeder andere Verdis Wagemut, um in Musik verwandelt zu werden.

Das STABAT MATER und das TE DEUM komponierte er für Chor und großes Orchester, die LAUDI ALLA VERGINE MARIA für vierstimmigen Frauenchor a cappella. Für das AVE MARIA dagegen benutzte er eine besondere Tonleiter, weder Dur noch Moll, aber auch nicht zwölftönig, dafür mit sehr ungewohnten Intervallen. Der Komponist selbst beschrieb sie als »*scala enigmatica*« (»rätselhafte Reihe«), denn in der klassischen Harmonielehre gibt es kein Vorbild dafür. Dementsprechend überraschend und außergewöhnlich ist auch Verdis Vertonung ausgefallen.

Dass Verdi gegen Ende seines Lebens den Wunsch verspürt hat, geistliche Texte in Musik zu setzen, lässt durchaus Rückschlüsse auf seinen ganzen Lebensweg zu. Denn schon zu Beginn seiner Karriere hatte er sich von dem NABUCCO-Stoff begeistern lassen – nicht unbedingt aus patriotischen Gründen, sondern weil ihn bei der Lektüre von Temistocle Soleras Libretto, das ihm der Direktor der Mailänder Scala Bartolomeo Merelli anempfohlen hatte, vor allem das biblische Sujet faszinierte. Bereits damals wurde also Verdis Empfänglichkeit für die spirituelle Welt sichtbar.

In dem berühmten Chorgesang der Hebräer *Va', pensiero* sahen die Italiener stets einen flammenden Appell, ihrem Widerstand gegen die verhassten Unterdrücker eine Stimme zu geben. Man spürt, wie sehr sich Verdi in seinem Element fühlte, wenn er von Gott sprach, und auch in den späteren Opern tauchen immer wieder Szenen spiritueller Art auf. Was jedoch bei Verdi völlig fehlt, ist das Element des Übernatürlichen. Im Laufe seines langen Opernlebens hatte er quasi alles zum Thema gemacht: Kriegslager und höfische Paläste voller rachsüchtiger Verräter, leidenschaftliche Liebe mit all ihren Tricks und Täuschungsmanövern, vermeintliche Väter und Schwiegerväter, die dem von ihm gehassten Bürgertum angehören. Und doch öffnet sich am Ende immer wieder der Himmel – ohne dass allerdings klar wird, ob dieser für Verdi eine bloße Hoffnung darstellte oder aber einen Ort, an dem wir alle früher oder später einmal ankommen werden.

Er selbst wollte mit der Partitur des TE DEUM begraben werden, eines seiner letzten Werke, entstanden zwischen 1886 und 1897, als er bereits weit über 80 Jahre alt war. Das TE DEUM endet mit einem viergestrichenen hohen E der Violinen; danach tut sich unvermutet ein Abgrund auf, wenn die Violoncelli und Kontrabässe mit dem tiefen E einsetzen. Zuerst also die himmlischen Klänge der Violinen, dann die unergründlichen Schluchten der Hölle – und dazwischen das Nichts. Wie ließe sich Verdis Genialität besser beschreiben?

In diesem unerreichbaren Raum zwischen Himmel und Erde, dem Ort der Trauer, auch »Hölle« genannt, ist er wieder da: der Zweifel. »*In te, Domine, speravi*« (»Auf Dich, Gott, habe ich gehofft«), ruft der Chor, aber dann ist da nur das Nichts. Die Zweifel also bleiben: Kann und soll ich hoffen? Ist es mir erlaubt zu hoffen?

Diese Glaubenszweifel finden sich auch schon im REQUIEM, für mich eines der größten Meisterwerke überhaupt und ein herausragendes Beispiel musikalischer Reflexion. Auslöser der Komposition war der Tod Gioachino Rossinis, zu dessen erstem Jahrestag 1869 ein gemeinschaftliches Requiem mehrerer Komponisten geplant war; die Aufführung scheiterte jedoch aus verschiedenen Gründen. Vier Jahre später vervollständigte Verdi, erschüttert vom Tod des als Vorkämpfer des Risorgimento verehrten Dichters Alessandro Manzoni, das Werk auf eigene Faust und widmete es dem Verstorbenen. Unter der Leitung des Komponisten fand am 22. Mai 1874, dem ers-

4. KAPITEL

ten Todestag Manzonis, die Uraufführung in der Kirche San Marco in Mailand statt.

Allzu oft wird dieses REQUIEM leider von Dirigenten missbraucht, die ihr »athletisches« Können auf dem Podium demonstrieren wollen. Dabei handelt es sich hier um ein Werk von besonderer geistiger Tiefe, in dem es um ganz existenzielle Fragen geht: Was bedeutet der Tod? Wie können wir uns die Erlösung vorstellen?

Am Ende steht ein riesiges Fragezeichen. Verdi lässt sein REQUIEM mit einem scheinbar eindeutigen C-Dur-Akkord enden, wie es seit Jahrhunderten Tradition ist, um das Gefühl von Helligkeit, Freude und Seelenruhe auszudrücken – denken wir nur an Haydns SCHÖPFUNG, das Finale von Rossinis GUILLAUME TELL oder Mozarts JUPITER-SINFONIE. In diesem Fall legt sich allerdings ein dunkler Schatten darüber, denn es bleibt unklar, ob wir hier tatsächlich in C-Dur sind oder doch in der Dominante von f-Moll verharren.

Ein doppeldeutiges C-Dur, das als Tonart des Lichts von düsteren Ahnungen eingehüllt wird – genialer lässt sich der Zweifel nicht in Töne fassen. Indessen deklamiert die Sopranistin ihr »*Libera me, Domine, de morte aeterna*« (»Befreie mich, Gott, vom ewigen Tod«), erschöpft von den mehrmaligen verzweifelten Anrufungen, mit denen sie die Erlösung des Menschen mehr oder weniger vom Allmächtigen abgefordert hat: »Du hast mich geschaffen, also kümmere dich um mich! Das ist deine Verantwortung!«

Den Schlüssel zum Verständnis des REQUIEM findet man am Ende des *Libera me*. Nachdem die Sopranistin gesungen hat: »*Tremens factus sum ego et timeo*« (»Zittern befällt mich und Angst«), steht in der Partitur eine Generalpause, die aber von den meisten Dirigenten geflissentlich übersehen wird. Der Begriff »*tremens*« bedeutet eindeutig mehr als schlicht »Angst«, und »*timeo*« wiederum erinnert mich an ein Kind, das sagt: »Ich habe große Angst.« Was die Sopranistin ausdrücken will, ist nichts anderes als: »Hilf mir, ich bin in deiner Hand.« – Generalpause. Und danach die Schrecken erregenden Akkorde des vollen Orchesters.

»Gott, ich bitte dich, ich bin schutzlos wie ein Kind, hilf mir!« Nach dieser flehentlichen Bitte herrscht also Schweigen. Und neue

Fragen tun sich auf: Was passiert danach? Wie lautet die Antwort? Stattdessen noch ein Fragezeichen. Hat Gott kein Mitleid mit uns? Oder ist Verdi der Meinung, dass es in der anderen Welt keine Hoffnung gibt? Und noch einmal der Hilferuf: »*Libera me, Domine.*«

Man kann es auch anders ausdrücken: Bruckner schrieb für Gott, Verdi nicht. Er beschreibt das Drama des modernen Menschen. Generalpause.

Für diese Stelle bedarf es größter Aufmerksamkeit. Denn die schreckliche Antwort auf die Bitte lautet: »*Et timeo*«. Die Orchestermusiker und die Chorsänger pflege ich vor der Aufführung zu bitten, sich in diesem Moment nicht zu bewegen und auch nicht etwa die lange Generalpause zu nutzen, um an ihrer Kleidung herumzunesteln. Denn alle 200 Musiker müssen unbedingt die enorme emotionale Spannung halten – nicht weil sie nun einmal auf der Bühne stehen, sondern weil sie diese Spannung auf das Publikum zu übertragen haben.

Mozart hat den schönen Satz gesagt, dass das Entscheidende in der Musik vor allem zwischen zwei Noten passiert. Was nichts anderes bedeutet, als dass die Stille bisweilen wichtiger ist als der Klang. Die lange Generalpause bei Verdi gehört unbedingt zur Musik dazu – warum aber wird sie von manchen Dirigenten überhaupt nicht beachtet?

Zu den Bewunderern des REQUIEM zählten viele große Musiker, wie etwa Johannes Brahms; dagegen hat es der Wiener Brahms-Freund Eduard Hanslick, wie nicht wenige andere Kritiker, gehasst.

Verdi arbeitet in diesem Werk mit denselben musikalischen Mitteln wie in seinen Opern, auch wenn bisweilen – etwa im *Sanctus* – der Kontrapunkt triumphiert oder zumindest stärker zur Geltung kommt als die melodischen Abschnitte, wie man sie aus dem *Ingemisco* kennt und liebt.

Bei der Aufführung des Werkes kommt es vor allem darauf an, die richtige Balance zu finden zwischen dem von Verdi gewollten verinnerlichten Ausdruck und der schlechten Angewohnheit mancher Sänger, ihre Partien zu opernhaft und exaltiert vorzuführen.

Wofür ich ebenfalls stets kämpfe, ist die spannungsvolle Interpretation gerade der einleitenden Worte: »*Requiem aeternam dona eis*« (»Gib ihnen den ewigen Frieden«). Das muss *sottovoce* gesungen werden, aber der Chor darf dabei keinesfalls passiv klingen. Deshalb habe ich die Chöre in aller Welt, mit denen ich das REQUIEM einstudiert habe, dazu angehalten, dieses erste Wort »*Requiem*« nicht als eine Beschwörung zu verstehen, sondern im korrekten grammatikalischen Sinn als ein Akkusativobjekt. Um es praktisch zu sagen: Dieses Wort muss trotz *pianissimo* eine intensive Energie ausstrahlen, denn es ist vielmehr eine Forderung denn eine bloße Feststellung oder eine Hoffnung auf ewigen Frieden. Unmittelbar nach dieser Eingangssequenz steigen wir hinab in die Dunkelheit des Abgrunds, woraufhin mit dem Einsatz der Violinen immerhin ein Hoffnungsschimmer aufzuglimmen scheint.

Und noch eine Gedankenlosigkeit hat mich immer wieder bei Aufführungen des REQUIEM geärgert: nämlich wenn der Tenor nach dieser Einleitung so tut, als wäre er der Kriegsführer Radamès und allen seine grandiose Stimme vorführen will, indem er singt: »*Kyrieeee eeeeleeeeeeisooon*«. Ich muss gestehen, ich habe selten einen Sänger erlebt, der das nicht so hinausposaunt hätte. Doch was will der Tenor eigentlich ausdrücken? »Herr, habe Mitleid mit mir!« Verdi dürfte also sicherlich keinen heroischen Kraftakt im Sinn gehabt haben, sondern es ging ihm eher um eine flehende Bitte. Gut möglich, dass er dabei auch an die Stimme eines Priesters gedacht hat – und ganz gewiss nicht an die eines Heldentenors.

Es führt zweifellos an der Sache vorbei, wenn man sagt: »Diese Stimme passt zum REQUIEM« oder »Diese Stimme passt nicht zum REQUIEM«. Es geht hier nicht um Stimmen, sondern um die richtige Art des Ausdrucks. Darin unterscheidet sich das Werk von den Opern, wo man durchaus von einem FALSTAFF-Tenor – also einem leichten lyrischen Tenor für den Fenton – oder einem OTELLO-Tenor – einem jugendlich-dramatischen Tenor für die Titelpartie – sprechen kann. Kommt dann noch ein Sänger auf die Idee, sich nach vorne zu drängeln, um deutlich zu machen: »Jetzt bin ich dran und singe euch alle an die Wand«, dann ist es dringend notwendig, anhand der Partitur darauf hinzuweisen, dass die Sopranistin oft genug ein *pianissimo* und die anderen Sänger ein *piano* zu singen haben. Im REQUIEM kommt es nicht nur auf das *forte* an, sondern ganz im Gegenteil auf viele *pianissimissimi* ...

Das betrifft vor allem das *Dies irae*, das allzu oft wie ein Weltuntergang in Szene gesetzt wird. Danach folgt dann eine Reihe von Arien, wobei auch das *Lacrymosa* häufig durch allzu viel Larmoyanz auseinanderfällt. Stattdessen hat man hier an das Schreiten bei feierlichen Trauerprozessionen zu denken; insofern erinnert das Tempo des *Lacrymosa* eher an den Trauermarsch aus Beethovens EROICA.

Unter den zahllosen REQUIEM-Aufführungen meines Lebens sind mir einige besonders im Gedächtnis haften geblieben. An der Mailänder Scala haben wir sogar einmal die Erstfassung des Werkes präsentiert, die sich in Teilen von der bekannten Version unterscheidet. Besonders interessant dabei ist das Finale mit dem *Libera me*, das nicht der Sopranistin anvertraut wird, sondern den Bässen des Chores, was viel stärker als sonst eine Stimmung von Trauer und Verlorenheit hinterlässt.

Überhaupt, das Finale! Das REQUIEM ist eine der heikelsten Partituren schlechthin, weil man zwar vielleicht weiß, wie man den Anfang zu dirigieren hat, aber keineswegs, wie den Schluss. Da kann man noch nicht einmal das berühmte Bonmot des englischen Dirigenten Sir Thomas Beecham bemühen, der einmal scherzhaft einem jungen Kollegen geraten haben soll: »Mach dir keine Sorgen, wirklich wichtig bei einer Aufführung sind nur der erste und der letzte Takt!«

Das REQUIEM beginnt mit einer langsamen, abfallenden Phrase der Violoncelli – so weit, so gut. Aber dann kommt es Schlag auf Schlag, eine Art musikalische Via crucis, mit vier Sängern, die man in Schach halten muss, mit den Ferntrompeten, mit dem ungemein diffizilen Einsatz der Celli im *Offertorio*, bei dem die Intonation oft genug baden geht. Dann besteht die Gefahr, dass die Trompeten im *Tuba mirum* patzen ... Und dann gibt es da noch die ganz gefährlichen A-cappella-Partien der vier Solisten, wo allzu oft ein »schwarzes Schaf« die ganze Intonation zum Einsturz bringt: Man beginnt

4. KAPITEL

also wohlgemut mit Verdi, durchquert dann im Laufe des Quartetts diverse Abschnitte der Musikgeschichte, streift bisweilen die Zwölftonmusik – und wird erst erlöst, wenn der Einsatz des Orchesters das Vertrauen der Zuhörer in die Aufführung wiederhergestellt hat. Ganz im Ernst: Das REQUIEM hat viele Haken und Ösen, die die volle Konzentration aller Beteiligten erfordern.

Gerade das schwierige Quartett erinnert mich an eine denkwürdige REQUIEM-Probe in Amsterdam, wo alles hoffnungslos am Schwimmen war und die Sopranistin und die Mezzosopranistin starr vor Entsetzen zu den beiden Herren schauten, aus deren Mündern nur feindselige Laute zu entströmen schienen. »Hilfe, Hilfe, was ist hier los?!«, schienen mich ihre panischen Blicke zu fragen. Ich brach also ab, und ich höre noch heute, wie der Bass wortwörtlich zu mir sagte: »Maestro, könnt ihr Musiker, Musikwissenschaftler, Kritiker oder Komponisten nicht irgendetwas tun, um die Mängel dieser Partitur zu beheben?« Daraufhin meine erstaunte Gegenfrage: »Welche Mängel meinen Sie?« Und er: »Man könnte doch an dieser Stelle ruhig mal ein paar Instrumente hinzufügen, das würde uns Sängern sehr helfen ...«

Ein anderes Mal, bei einer Auslandstournee der Scala, kehrte der Tenor von seinem Solo im *Hostias et preces tibi* – es steht in C-Dur – genau einen halben Ton tiefer, also in H-Dur, zurück. Das Orchester spielte weiter in C-Dur, der Tenor aber sah anscheinend keine andere Möglichkeit, als bei seinem H-Dur zu bleiben – und so hatten wir auf einmal die allerschönste Bitonalität! Nachdem der Tenor seinen letzten Ton gesungen hatte, ließ ich den Orchesterakkord sehr viel länger, als in der Partitur angegeben, aushalten – um erst einmal die Atmosphäre musikalisch zu reinigen. Und das Publikum verharrte in verblüfftem Schweigen, als wollte es fragen: »Ist das wirklich wahr, was wir hier gerade gehört haben?« Mit dem unendlich langen Akkord in C-Dur habe ich gleichzeitig versucht, den Einsatz des Basses vorzubereiten, der dann auch einen ziemlich geräuschvollen Anlauf brauchte, so wie wenn man ein altes Auto mit Mühe in Gang bringt. Normalerweise komme ich nicht so leicht ins Schwitzen, aber in diesem Fall hatte ich – das einzige Mal in meinem Leben – das Gefühl, als würde literweise Wasser aus meinem Kopf hervorsprudeln, wie bei der Fontana del Tritone in Rom.

Ein anderes für mich unvergessliches REQUIEM dirigierte ich vor vielen Jahren in München mit dem Chor und Orchester des Bayerischen Rundfunks. Joachim Kaiser, der Doyen aller deutschen Musikkritiker, schrieb daraufhin eine Rezension für die *Süddeutsche Zeitung*, die auf der ersten Seite abgedruckt wurde – was dazu führte, dass ich an jenem Vormittag mit äußerster Höflichkeit vom Portier meines Hotels gegrüßt wurde. Dieses REQUIEM war wirklich eines der ergreifendsten und gelungensten überhaupt, mit Jessye Norman und Agnes Baltsa, dem Tenor José Carreras und dem russischen Bass Jewgeni Nesterenko, dem wunderbaren Orchester und dem fantastischen Chor des Bayerischen Rundfunks.

Einen unvergleichlichen Eindruck hat bei mir die erste REQUIEM-Aufführung meines Lebens, beim Maggio Musicale in Florenz, hinterlassen, die in der Kirche San Lorenzo stattfand, mit der Kuppel von Brunelleschi und den Medici-Kapellen Michelangelos. Das Orchester saß zwischen den beiden Kanzeln von Donatello, mit dem Verrocchio-Altar im Rücken. In einem solchen Moment möchte man Gott nur dafür danken, in Italien, diesem Land mit seinen unermesslichen Kunstschätzen, geboren zu sein.

Bei der Generalprobe am Vormittag war das Licht noch ein ganz anderes als am Abend beim Konzert, als ich die Kirche komplett ausgeleuchtet vorfand. Um den allerersten Einsatz für die Violoncelli zu geben, musste ich nach rechts blicken, auf die Kanzel Donatellos mit ihren Figuren im typischen Flachrelief, die durch das künstliche Licht besonders deutlich hervortraten. Doch ich konnte nicht beginnen – ich war wie gelähmt von diesem schreckenerregenden Eindruck.

Für diese Aufführung hatte ich die kühne Idee, im *Tuba mirum* die Trompetengruppe links von mir zu platzieren, während eine einzelne Trompete von ganz hinten, also vom Eingang der Kirche San Lorenzo, zu spielen hatte. Das war in jedem Fall sehr gewagt, aber mich interessierte besonders der akustische Effekt, wenn der Klang einmal das ganze Kirchenschiff durchquert und dabei auf sich selbst zurückgeworfen wird – wie die unausweichlichen Trompeten des Jüngsten Gerichts. Einen Moment größerer Magie habe ich selten erlebt.

Auf andere Art und Weise spektakulär gestaltete sich eine REQUIEM-Aufführung mit dem Tenor Carlo Bergonzi auf der Piazza von Busseto, der Verdi-Stadt in der Emilia Romagna. Am Anfang lief noch alles ruhig und wie vorhergesehen, und auch Bergonzi sang sein *Kyrie eleison* wunderbar intelligent und eben nicht wie der Kriegsheld Radamès. Doch beim Einsatz zum *Dies irae*, mit vollem Orchester und Pauken, sah man plötzlich für einen Moment lang rein gar nichts mehr, weil all die Tauben auf der Piazza erschrocken aufgeflogen waren – Alfred Hitchcock hätte das nicht besser inszenieren können. Und nach den Tauben kamen die Mücken! Die armen Musiker benutzten ihre Pausen zwischen den Einsätzen, um Jagd auf die lästigen Viecher zu machen, die sich auf ihren Gesichtern niedergelassen hatten. In dieser Bedrängnis hatte das *Dies irae* auf einmal eine ganz irdische Aufführungsdimension gewonnen, wenn man so will.

Nach dieser ausführlichen Erörterung des spirituellen Aspekts in Verdis Werk möchte ich noch einmal zu einem anderen Thema zurückkommen: Verdis Beziehung zur Kirche und zum Klerus. Zwangsläufig muss man dabei an den Fra Melitone in LA FORZA DEL DESTINO denken. Verdi nimmt hier die großartige Gestalt des Falstaff bereits vorweg. Deshalb ist der Melitone für mich keineswegs eine Nebenfigur in dieser Oper, sondern – so wie die Rolle komponiert wurde und in dem, was er sagt – schon Falstaff pur: dieselbe Mischung aus Ironie und Freudlosigkeit, Wut und Selbstmitleid.

So gesehen passt es auch nicht, wenn man Melitone immer nur als komische Gestalt inszeniert, denn sein Denken und Fühlen beherrscht die gleiche Bitterkeit gegenüber dem Lauf der Welt wie bei Sir John Falstaff. Das wiederum lässt durchaus auf Verdis Meinung zu Mönchen und Priestern schließen: Für ihn waren sie Menschen wie du und ich, keine Heiligen, sondern genauso mit menschlichen Problemen und Fehlern behaftet. Und predigen sie von Moral und göttlichem Schicksal, dann geht es oft genug mehr darum, sich selbst zu überzeugen und weniger die anderen.

In der Figur des Fra Melitone mischen sich tragische und komische Elemente. Aber wenn er etwa gegenüber Padre Guardiano klagt, dass die großen Herren immer alle Vergünstigungen einstreichen, während die Armen im Staub herumkriechen würden, dann zeigt das nicht nur eine gehörige Portion geistige Wachheit, sondern eben auch eine Person, die über ihren vielen Problemen bitter geworden ist – ein bisschen wie Falstaff.

Dementsprechend steht es auch in völligem Kontrast zu dem, was Melitone sagt, wenn man ihn als tölpelhaften Mönch mit roter Schnapsnase auf die Bühne stellt. Verdi zeichnet hier das typische Bild eines Mönchs in der damaligen Zeit (von denen es heute immer noch einige geben mag). Diese Männer gingen nicht etwa aus Berufung ins Kloster, sondern weil sie damit dem Elend der Welt entfliehen wollten. Auch wenn Melitone seit langem im Kloster lebt, so kennt er doch die Realitäten des Lebens: Padre Guardiano hat seine Schäfchen längst im Trockenen, aber all die Ärmeren müssen ihr hartes Brot essen.

Verdis kritische Meinung wird von Melitone eher nonchalant in den Raum gestellt. Oder wie die Römer einst sagten: »*Ridentem dicere verum: quid vetat?*« (»Was spricht dagegen, die Wahrheit scherzend zu sagen?«, Horaz: SATIREN 1,1,24-25) Genau das tut Melitone, aber dahinter steckt bei ihm ein ernsthafter Charakter, so wie bei Falstaff.

Eine andere Oper, in der die Beziehung zwischen Staat und Kirche zum beherrschenden Thema wird, ist DON CARLOS. Verdi überrascht uns hier mit einer völlig anderen Melodieführung, von der nur die Partie des König Philipp ausgespart bleibt. Üblicherweise erkennt man eine typische Phrase Verdis bereits nach wenigen Takten, doch mit DON CARLOS beschreitet der Komponist ganz neue Wege. Ob das eine Folge der Uraufführung in Paris war? Denn insgesamt gesehen weist DON CARLOS eindeutig in Richtung französische Oper.

4. KAPITEL

Ungewohnt schon der Anfang der vieraktigen Fassung mit dem Thema der Hörner. Erstaunlich auch, wie stark die Liebesgeschichte dem Konflikt Staat – Kirche weichen muss. Die Rolle des Carlos steht an Bedeutung gegenüber allen anderen zurück, ob nun König Philipp oder der Großinquisitor, Elisabeth oder Prinzessin Eboli, ganz zu schweigen von der zentralen Figur des Marquis von Posa. Ausgerechnet Don Carlos erweckt als Rolle das geringste Interesse beim Zuhörer.

Der herrische Großinquisitor verkörpert jene Institution Kirche, die im sechzehnten Jahrhundert sowohl in Spanien als auch in Italien ihren Machtanspruch mit allen Mitteln durchzusetzen versuchte. Ganz und gar nicht zufällig ist er bei Verdi blind – physisch wie auch im übertragenen Sinn. Auch musikalisch wird er in aller Eindeutigkeit gekennzeichnet: Die wabernd-schwarze Klangfarbe des Kontrafagotts lässt an einen kriechenden Wurm denken. Was könnte die Verachtung Verdis für das intellektuelle und geistliche Gebaren der Kirche von damals besser widerspiegeln?

Mag die Kirche heutzutage auch verbindlicher auftreten, so habe ich selbst noch ähnliche Erinnerungen daran, wie rigide in meiner Kindheit die Überwachung praktiziert wurde. Wenn ich zur Beichte ging, hatte ich immer das Gefühl, als würde ich vor ein Inquisitionstribunal gezerrt. Der Priester blickte mich scharf an und fragte mich peinlichst genau nach allen Details meiner Verfehlungen aus. Natürlich hatte ich so wahrheitsgetreu wie nur möglich zu antworten, sonst wäre mir nicht die Absolution erteilt worden. Zum Abschluss gab es dann noch eine ordentliche Menge an *Pater Noster* ...

Wenn es noch vor 60 Jahren so zuging, wie mag es dann erst zu Verdis Zeiten gewesen sein? Gerade in kleineren Orten dürfte ein erdrückendes Klima der Einschüchterung geherrscht haben. Und dennoch bleibt ein erstaunlicher Widerspruch im Verhalten des freiheitsliebenden Komponisten gegenüber der Kirche. Auf der einen Seite kritisierte er sie für ihr Verhalten, auf der anderen Seite pflegte er auf seinem Gut in Sant'Agata die Bediensteten in gleicher Manier heimlich zu überwachen, um festzustellen, ob alles nach seinen Wünschen ausgeführt wurde.

In eine gänzlich andere Sphäre führen die zahllosen Hexen, Feen und Geister, die ebenfalls Verdis Opern bevölkern und von ihm mit meisterlicher Musik bedacht wurden. Mit dem MACBETH von 1847 betreten wir die Welt unheilschwangerer Weissagungen. Neben der Lady und ihrem Ehemann spielen die Hexen – Ausgeburten schlimmster Fantasie – die dritte Hauptrolle in dieser Oper. Eher einem organisierten Mummenschanz gleicht dagegen der Auftritt der maskierten Feen und Kobolde in Verdis letzter Oper FALSTAFF.

Die musikalische Analyse des MACBETH macht interessanterweise deutlich, dass der Komponist im Zusammenhang mit dem Thema Schicksal immer wieder in sich kreisende Sujets, ohne innere Entwicklung, erfindet, die ringförmig an die Stelle des Ausgangspunkts zurückkehren. Ähnliches findet man auch in LA FORZA DEL DESTINO oder in RIGOLETTO.

Gerade der Anfang von MACBETH, so simpel er auch erscheinen mag, beweist bei genauer Betrachtung eine unglaubliche gestalterische Meisterschaft. Die ganze Partitur, so einfallsreich wie sie instrumentiert ist, nimmt bisweilen schon die Errungenschaften des Impressionismus vorweg. Vor allem in seinem Bemühen, die karge Wildnis der schottischen Landschaft darzustellen, wurde Verdi von wahren Genieblitzen erleuchtet.

Noch einmal zum Anfang der Oper: Eigentlich soll der Klang der Holzbläser wohl an einen höllisch quakenden Dudelsack erinnern. Doch die meisten Dirigenten – mich selbst eingeschlossen, als ich 1974 die Oper erstmals aufgeführt habe – bevorzugen einen weichen, süßlichen Klang, wo in Wirklichkeit ein kratziger Ton bei dieser ungewöhnlichen Bläserkombination viel stimmiger wäre.

Verdi hat diese Interpretation zwar selbst nicht eindeutig festgelegt, aber ich bin mehr denn je überzeugt, dass er dem Klang etwas Ländlich-Derbes mitgeben wollte – allerdings mit einem Beigeschmack von höllischem Schwefel. Schauen wir uns die Intervallsprünge an: zuerst die fallende Septime, die dann zu einer dissonanten None wird, also vom Des zum C so tief hinunterstürzt, dass auch beim Hören ein starkes Gefühl des Unbehagens entsteht.

4. KAPITEL

Um das Genie Verdis zu erkennen und zu verstehen, braucht man oftmals nicht weniger als 30, 40 oder gar 50 Jahre Lebenserfahrung. Natürlich ist alles längst in den Werken verborgen, aber es bedarf kundiger Geburtshelfer, um ans Licht der musikalischen Welt gebracht zu werden.

Verdis Meisterschaft bewegt sich in MACBETH längst auf einem überragenden Niveau. Man nehme nur die Schlafwandelszene des 4. Aktes, eine der faszinierendsten Schöpfungen Verdis überhaupt, keine wirkliche Arie, sondern eher eine Art Rezitation, getragen von einem quälenden rhythmischen Motiv, zu dem sich die Klage eines Englischhorns wie der Ruf eines Wiedehopfs gesellt.

Vittorio Gui, der Begründer des Maggio Musicale in Florenz und damit mein Vorgänger, hat mir dazu einmal gesagt: »Vergiss nicht, dass das Orchester in der Schlafwandelszene die Bewegungen der Hände ausdrückt, die vergeblich versuchen, sich das Mörderblut abzuwischen.« Das mag so sein – oder auch nicht. Ansonsten macht die Begleitung allerdings wenig Sinn. Verknüpft man jedoch das rhythmische Motiv mit der dramatischen Situation, dann versteht man sehr viel besser, was Verdi hier ausdrücken wollte.

Am Ende der 1. Szene des 1. Aktes singen die Hexen: »*Le sorelle vagabonde / van per l'aria, van sull'onde, / sanno un circolo intrecciar / che comprende terra e mar.*« (»Wir Schwestern streifen umher, / durch die Luft und über das Wasser, / und vermögen einen Kreis / rund um Erde und Meer zu schlingen.«) Hier ist es wichtig, das richtige Tempo zu finden und das begleitende Humtata nur leicht anzudeuten, ohne jeden Takt zu betonen; dann werden die Hexen tatsächlich zu Luftgeistern, die durch die Lüfte fliegen.

Das Auftreten des infernalischen Orchesters, welches das Defilée der zukünftigen Könige nach Duncan illustriert, führt quasi hinab in das Innere der Bühne, als ob die Klänge aus dem Kessel der Hexen emporsteigen würden. Hier zeigt sich einmal mehr das Genie des Komponisten, der seiner Zeit um Jahrzehnte voraus war.

5. Kapitel

Verdi, der Italiener

>*»Oh patria terra, alfin io ti rivedo,*
>*Terra si cara e desiata! Ognora*
>*In sul lido ospital, che m'accogliea,*
>*Sempre di te la mente si pascea!«*

>»Oh, heimatliches Land, endlich sehe ich dich wieder,
>Geliebtes, ersehntes Land! Jederzeit
>Hast du mich gastfreundlich an deiner Küste aufgenommen,
>Stets hat mein Sinn sich an dir erfreut.«

>Oberto in OBERTO, CONTE DI SAN BONIFACIO,
>1. Akt, 3. Szene

Im April 1848 schreibt Verdi an seinen Librettisten Francesco Maria Piave, der in Venedig zur Nationalgarde eingezogen worden ist:

»Ja, ja, noch wenige Jahre, vielleicht wenige Monate, und Italien wird frei, eins, republikanisch sein. Was sollte es sonst sein? Du sprichst mir von Musik! Was ist in Dich gefahren? ... Glaubst Du, dass ich mich jetzt mit Musik, mit Tönen befasse? ... Es gibt und es darf nur eine den Ohren der Italiener von 1848 angenehme Musik geben: Die Musik der Kanonen!«

Giuseppe Verdi hat sich als Kind des Risorgimento aktiv an den Ereignissen rund um die Einigung Italiens beteiligt. 1861 ließ er sich als Abgeordneter ins italienische Parlament wählen; 1874 wurde er zum Senator auf Lebenszeit ernannt. Sein Nachname galt den Revolutionären als Symbol der angestrebten Einheit, und wenn sie an die Mauerwände »*Viva V.E.R.D.I.*« pinselten, bedeutete das nichts anderes als eine abgekürzte Huldigung an den zukünftigen König des geeinten Italiens: »*Viva Vittorio Emanuele Re d'Italia*«.

Den größten Beitrag zur Einigung des Landes lieferten trotzdem Verdis Opern. Sie waren im besten Sinne populär, weil ihre Botschaft direkt in die Herzen der Zuhörer drang – in den Salons genauso wie in den Wirtshäusern oder auf der Straße durch die Leierkastenspieler. Auf diese Weise wird Musik quasi zum Eigentum des Volkes, und das Volk macht sich mit Umdichtungen lustig über die wohlbekannten Verse. RIGOLETTO bot sich dafür besonders an, so wie die Szene im 3. Akt, wenn der Herzog mit Maddalena flirtet: »*Un dì, sì ben rammentomi, / O bella, t'incontrai ... / Mi piacque di te chiedere, / E*

5. KAPITEL

intesi che qui stai.« (»Eines Tages, ich erinnere mich sehr wohl, / traf ich dich, meine Schöne ... / Ich hatte Lust, dich anzusprechen, / und ich verstand, dass du hier lebst.«) Aus »*qui stai*« wurde im Volksmund »*ci stai*« – was nichts anderes als Maddalenas Zustimmung zu den herzoglichen Avancen bedeutet.

Heutzutage hat sich leider vieles zum Schlechteren verändert – sei es die Aussprache der Sänger oder die Aufmerksamkeit des Publikums oder, ganz allgemein, die geistige Trägheit vieler Menschen. So kommt es, dass wir selbst in Italien in der Oper Übertitel für den Text benötigen und in vielen Häusern längst Displays in den Rücklehnen der Sitze gang und gäbe geworden sind, auf denen der Text abschnurrt. Hätten wir sie nicht, verständen wir überhaupt nicht mehr, was auf der Bühne passiert! Zu Verdis Zeiten war das Bildungsniveau sicherlich deutlich niedriger, und trotzdem verstanden die Menschen die Worte oder kannten sie gar auswendig. Weil Verdi das wusste, verzichtete er beispielsweise darauf, den berühmten Anfang von *La donna è mobile* aus dem RIGOLETTO bei den Proben zur Uraufführung singen zu lassen – aus Angst, die Melodie könnte sich schon vor der Premiere allüberall in Venedig verbreiten.

In meiner Kindheit galten König Vittorio Emanuele II., Giuseppe Mazzini, Garibaldi und Verdi noch als Pater patriae, als Väter des Vaterlandes. Eigentlich wurden sie in unserem Bewusstsein sogar wie Heilige verehrt, rein und unbefleckt. Das hat sich inzwischen gründlich geändert. Sie verwandelten sich in Normalsterbliche, die – bei aller Genialität – auch mit menschlichen Schwächen behaftet waren.

Besonders der frühe Verdi hat einen nicht zu unterschätzenden Beitrag zur italienischen Freiheitsbewegung geleistet: Mit seiner Musik bewaffnete er auf seine Weise die italienischen Patrioten, und einige seiner Opern haben in der Öffentlichkeit sicherlich eine größere Wirkung erzielt als hundert Nationalhymnen zusammen.

Dabei stand Verdi zu Anfang der revolutionären Sache eher reserviert gegenüber. Allerdings wurde ihm schnell klar, dass seine

Musik gerade deshalb beim Publikum gut ankommen würde, weil sie genau den Nerv der Menschen in jenen bewegten Zeiten traf.

Schließlich sollte man nicht vergessen, dass Verdi wie jeder andere Komponist den Erfolg fest im Visier hatte und deshalb bewusst seine Musik so und nicht anders komponierte, um sich einen Namen beim Opernpublikum zu machen. Um es einmal anders auszudrücken: Als gewitzter Bauer von Sant'Agata hatte er verstanden, wann der Boden bereit war, um besonders gut patriotische Saat darauf wachsen zu lassen.

Denkt man darüber nach, welche Opern von Verdi eine patriotische Färbung haben, fällt einem sofort NABUCCO ein, der am 9. März 1842 seine Uraufführung an der Mailänder Scala erlebte. Grund dafür ist auch ein fundamentales Missverständnis, das den berühmten Gefangenenchor *Va', pensiero, sull'ali dorate* (»Schweb' hin, Gedanke Du, auf gold'nem Flügel«) betrifft: Gewöhnlich wird er vom Chor mit voller Stimme geschmettert, obwohl Verdi hier ein *lento* und *grave* vorschreibt und das ganze *sottovoce* gesungen werden sollte, entsprechend der Stimmung der ins Exil vertriebenen Hebräer.

In der Partitur des NABUCCO mit ihren vielen musikalischen Kostbarkeiten ist schon die bekannte Ouvertüre ein Juwel. Wir hatten darauf hingewiesen, dass Verdi bei der Wahl dieser Oper sehr viel weniger vom heimatlichen Kampf gegen die Österreicher als vielmehr von dem biblischen Stoff zur Komposition angeregt wurde. Und dennoch spielt das Risorgimento insofern eine wichtige Rolle, als schon in der Ouvertüre etwas Antiösterreichisches mitschwingt, das von den Besatzern auch durchaus registriert wurde. Nicht nur bei den anwesenden österreichischen Truppen in der Scala herrschte seinerzeit gespannte Nervosität, auch der Oberkommandierende, Feldmarschall Radetzky, teilte seine Besorgnis der Regierung in Wien mit – allerdings ohne besondere Resonanz.

Der Chor *Va', pensiero* erwies sich als jene Triebfeder, die Verdi den entscheidenden Impuls zur Komposition der Oper gab. Ihr grandioser Erfolg bei den italienischen Revolutionären und der allgemeine Enthusiasmus, den sie anschließend auslöste, sorgten dafür,

5. KAPITEL

dass Verdi zu einem der wichtigsten Baumeister der italienischen Einheit geworden ist.

Auch ATTILA hat das Zeug zu einer durch und durch patriotischen Oper, ob in der Wahl der musikalischen Farben oder in der schnörkellosen, temporeichen Anlage. Alles strahlt so viel Kraft und Energie aus, als hätten wir eine ganze Ansammlung von Nationalhymnen, die italienische mit eingeschlossen, vor uns – und das in bester Qualität. (Im Übrigen bin ich der Meinung, dass Goffredo Mamelis *Fratelli d'Italia*, also die italienische Nationalhymne, keineswegs durch den Gefangenenchor aus NABUCCO ersetzt werden sollte, denn sie besitzt genau jene Mischung aus Energie und Garibaldis Geist, die eine richtige Hymne ausmacht. Wenn sie allerdings wie eine Meditation gespielt wird, verfälscht das meiner Meinung nach die ursprüngliche Absicht des Komponisten.)

Wer war nun dieser Attila? Diese Frage beschäftigt bis heute Dirigenten, Sänger und Regisseure. Über seine Gestalt wird genauso diskutiert wie über jenen Ezio, der in der historischen Realität Attila besiegte, während in der Oper Odabella und andere Personen eingespannt werden, um den mächtigen Attila zur Strecke zu bringen.

Wer diese Partie singt, muss wissen, dass er in Verdis Oper eine gewichtige Persönlichkeit vor sich hat und keineswegs einen wilden, ungeschlachten Heerführer. Attila zeichnet sich durch inneren Adel aus, der sich auch auf die anderen Personen überträgt. Darüber hinaus wird sein Charakter geprägt von einem starken Ehrgefühl, von Liebe und großen Leidenschaften, von Lebenswillen und dem Hunger nach Eroberungen.

Mit bewundernswerter Größe stellt sich Attila nicht nur der militärischen Macht des römischen Reiches gegenüber, personifiziert durch Ezio, sondern auch der religiösen Autorität in Gestalt von Papst Leo. Nicht zufällig ist Verdi mit dem Zusammentreffen von Attila und dem Papst eine außerordentlich packende musikalische Szene gelungen.

Bei der Aufführung des ATTILA sollte man den Mut aufbringen, die verschiedenen Tempi klar voneinander zu trennen und auch die differenzierte rhythmische Artikulation genau zu beachten, damit das Ganze nicht unfreiwillig nach Blaskapelle klingt.

Alle Figuren dieser Oper, auch die weniger wichtigen wie etwa Uldino, der Vertraute Attilas, besitzen ihre ganz eigene Wertigkeit – darin erinnern sie an griechische Statuen. Der Auftritt Odabellas dagegen hat etwas von einer rächenden Amazone. Die Partie zählt zu den schwierigsten überhaupt im gesamten Sopranfach bei Verdi, denn man benötigt hier einen dramatischen Sopran, der gleichermaßen wie mit einer scharfen Klinge den Raum zu zerteilen als auch sanft und schmeichelnd zu singen vermag, wie ein zarter Flötenton. Immer wieder sind es erstaunliche Klangfarben, die der junge Verdi hier entdeckt. Wenn Odabella in ihrer Arie im 1. Akt *Oh! Nel fuggente nuvolo* (»Oh! In der fliehenden Wolke«) das Murmeln des Baches besingt, schreibt der Komponist eine ganz eigene Instrumentation vor: ein Englischhorn, das die Melodielinien der Sopranistin umspielt, Solo-Violoncello, Solo-Kontrabass und Harfe.

Verdi hatte schnell verstanden, wie sehr er mithilfe seiner Musik das politische Klima beeinflussen konnte; infolgedessen mauserte er sich bald zu einer der maßgeblichen Persönlichkeiten des Risorgimento. Und fuhr fort, Opern zu komponieren, die mehr oder weniger offensichtlich die Themen »Freiheit« und »Revolution« auf die Bühne brachten.

In MACBETH singt der Chor in der 1. Szene des 4. Aktes: »*Patria oppressa! Il dolce nome / No, di madre aver non puoi, / Or che tutta a figli tuoi / Sei conversa in un avel.*« (»Unterdrücktes Vaterland! Nein, den süßen Namen / Mutter kannst du nicht mehr aussprechen, / Denn für deine Kinder ist alles / zu einer Gruft geworden.«) Das ist natürlich durch die Blume gesprochen, aber es wirkt schon wie eine Klage der Italiener aus dem Risorgimento. Kaum anders lässt sich ebenfalls der Schluss des MACBETH mit der Befreiung vom Unterdrücker interpretieren.

Verdis Sympathien für die Ideen des Risorgimento bleiben auch später wach. Als er 1881, über 20 Jahre nach der Uraufführung, die grundlegende Überarbeitung des SIMON BOCCANEGRA in Angriff nahm, behielt er das wichtige epische Element der großen Volksszenen bei. Letztlich speist sich die Wucht dieses Werkes gerade aus der mitreißenden Auseinandersetzung zwischen Volk und Adel.

Ich stimme hier mit dem bedeutenden Musikforscher Massimo Mila überein, der in seinem Buch L'ARTE DI VERDI geschrieben hat: »Das Volk als politische Kraft hat nie, außer in den Passionen Bachs, eine kraftvollere musikalische Vergegenwärtigung gewonnen als hier.«

Zum Abschluss dieses Kapitels möchte ich noch einen letzten Gedanken äußern. Bei der Wahl der Kapitelüberschrift »Verdi, der Italiener« habe ich weniger an die patriotischen Ideen des Risorgimento gedacht, die in einigen seiner Opern durchscheinen, als an eine *italianità* im weiteren Sinne. Denn in allen seinen Opern sind Leben und Tod gleichermaßen präsent – doch immer geprägt vom italienischen Volkscharakter, in dem sich die gegensätzlichsten Elemente vereinen: Leidenschaft und Liebe, brütendes Schweigen, herbe Enttäuschung, manchmal auch Frechheit, Aggressivität und Intoleranz.

Verdi hat es von allen Komponisten am besten verstanden, unser ureigenstes Temperament als Italiener in Musik auszudrücken. Sicher kann man hier nicht verallgemeinern, und natürlich trifft man in Italien auf ganz viele unterschiedliche Charaktere – und dennoch vermochte Verdi dieses besondere Lebensgefühl so echt und lebendig wiederzugeben, dass ich es einfach mit dem Begriff *italianità verdiana* umschreiben möchte.

6. Kapitel

Verdi und Wagner

»Vecchio, che mai facesti?
Nostro rivale egli è.«

»Alter, was hast du getan?
Er ist unser Rivale.«

Ernani in ERNANI,
2. Akt, 13. Szene

Verdi wird für alle Zeiten aktuell bleiben, weil seine Musik auf unnachahmliche Weise die elementaren Gefühle der Menschheit wiedergibt. Mag Richard Wagner auch ebenso groß und bedeutend sein wie Verdi, so bin ich dennoch überzeugt davon – ich mag mich auch irren! –, dass die Menschheit in Zukunft Verdi dringender benötigt als Wagner. Und ich behaupte das, obwohl ich in meinem Leben auch Wagner-Opern durchaus häufig dirigiert habe und seine wunderbare, sinnlich-berauschende Musik sehr liebe.

Mein unvergesslicher Dirigentenkollege Carlos Kleiber, der regelmäßig zu meinen Wagner-Proben in die Mailänder Scala kam, offenbarte mir einmal eine etwas seltsame Fantasievorstellung: »Am Ende der GÖTTERDÄMMERUNG oder auch bei Brünnhildes Erwachen wird Wagners Musik so zärtlich, dass man als Dirigent am Pult glatt sterben möchte.«

Wie wahr: Diese Musik infiziert einen wie eine Droge, man gerät in einen Rausch und verliert jedes Gefühl für die Realität. Auch wenn man versucht, die Partitur mit größtmöglicher, quasi klinischer Sachlichkeit zu analysieren und zu beherrschen (so wie das jeder Dirigent bei jeder anderen Partitur zu tun pflegt), so übernimmt bei Wagner irgendwann die Musik das Zepter, und aus dem Orchestergraben steigt eine magische Klangsäule herauf, die den Dirigenten und die Musiker in ihren Bann zieht. Diese Magie des Klangs verbrennt den Zuhörer, wie sie sich selbst verbrennt. Anschließend fühlt man sich überwältigt und völlig verwirrt zugleich. Wenn ich Wagner dirigiere, habe ich hinterher immer größte Schwierigkeiten, mich aus diesem Sog zu befreien. Ich spüre noch im Nachhinein lange den magischen Zauber seiner Musik.

6. KAPITEL

Es wäre jedoch nicht korrekt, Wagner und den ersten Aufführungen seiner Werke in Italien nach 1870 das Verdienst zuzuschreiben, sie hätten Verdis Kompositionsstil verändert, weil er nur so in Kontakt mit der übrigen musikalischen Welt Europas gekommen sei. Man braucht sich bloß zu vergegenwärtigen, wie viel der Komponist gereist ist, dass sein DON CARLOS in Paris uraufgeführt wurde und dass er selbst seine Opern in Wien und St. Petersburg dirigiert hat.

Ich verehre Verdi so sehr in allem, was er komponiert hat, dass es mir unmöglich ist, meine Lieblingspartitur zu benennen. Sein Werk lässt sich in zwei Teile (allerdings von sehr ungleichem Gewicht) untergliedern: in den »frühen Verdi«, der von den ersten Opern bis zum OTELLO reicht, und in den »ganz reifen Verdi«. Er selbst lieferte den Schlüssel zu dieser Aufteilung, sagte er doch gegen Ende seines Lebens: »Bis zum OTELLO habe ich für das Publikum komponiert, mit dem FALSTAFF dagegen endlich etwas für mich selbst.«

In der langen Reihe seiner Opern spiegelt sich ein Prozess wider, der noch vom Belcanto eines Donizetti und Bellini ausging, dann immer komplexere Formen annahm und zuletzt in einem subtilen Meisterwerk wie dem FALSTAFF endete. Andererseits habe ich beim Studium gerade der frühen Opern wie NABUCCO, MACBETH, ERNANI und ATTILA – wozu man auch noch die beiden Ouvertüren von ALZIRA und UN GIORNO DI REGNO zählen könnte – die erstaunliche Entdeckung gemacht, wie vieles davon auch in den späten Werken wieder zur Erscheinung kommt.

Gerade in den Opern des jungen Verdi tauchen regelmäßig kammermusikalische Elemente auf, das heißt, die Singstimme wird nur von wenigen Instrumenten begleitet – zweifellos der Einfluss Schuberts, dessen Musik der Student am Konservatorium in Mailand kennengelernt hatte. Nicht weniger bedeutungsvoll ist das Vorbild Bellinis in der Ausformung der Melodien, andererseits spürt man bereits den dramatischen Zugriff einer Komponistenpersönlichkeit, welche die gesamte vorangegangene wie auch zeitgenössische Musikwelt aus den Angeln heben sollte.

Zu der auffälligen Konstanz in Verdis Gesamtwerk passt auch, dass er immer wieder zu seinen alten Partituren zurückgekehrt ist, nicht nur bei MACBETH. Sicherlich erlebt man in der zweiten Fassung einen durch viele Kompositionsschlachten gestählten Meister, der nunmehr so ungewöhnliche Arien wie die Schlafwandelszene der Lady Macbeth *La luce langue* (»Das Licht verbleicht«) entwerfen konnte. In dieser späteren Fassung wird Macbeth ermordet und taucht nicht mehr auf, so wie sich auch Lady Macbeth durch die Flucht in den Wahnsinn gleichsam der Welt entzieht. Dadurch dass wir in der früheren Fassung Macbeth hingegen sterben sehen, bleibt dieser Figur ein Funken Menschlichkeit erhalten, weil man erkennt, wie er leidet und die »niederträchtige Krone« verflucht, die ihn ins Unglück gestürzt hat.

Zum Zeitpunkt, als der junge Verdi in Mailand studierte, waren dort nicht nur Rossini, Bellini und Donizetti oder die Komponisten der Neapolitanischen Schule zu hören. In einer von den Österreichern regierten Stadt erklang ebenso selbstverständlich die Musik von Haydn, Mozart und Schubert. Gerade in den allerersten Kompositionen Verdis wie dem NOTTURNO für Sopran, Tenor, Bass, Flöte und Klavier lässt die klangliche Atmosphäre eher an Musik denken, wie sie in den Ländern nördlich der Alpen komponiert wurde. Für die italienischen Komponisten jener Zeit bedeutete das ein gewichtiges Problem: Auch wenn sie am Konservatorium entsprechenden Unterricht erhielten, konnten sie es sich nicht erlauben, anschließend die Zeit mit Sinfonien oder Kammermusik zu »verschwenden«, denn die einzige Straße zum Erfolg führte über die Opernhäuser.

Vom jungen Verdi besitzen wir zum Glück diese Kammermusik, und sie wäre ohne sein Studium der deutschen und österreichischen Musik undenkbar gewesen. Erstaunlicherweise diente ihm aber für die Darstellung der Atmosphäre von Liebe und Natur, mit den lieblichen Verzierungen der Flöte, eine andere Oper als Vorbild: Glucks ORFEO ED EURIDICE, 1762 in Wien uraufgeführt.

Trotzdem wurde seine musikalische Ader primär aus der italienischen Musik gespeist. Und schon von Anfang an, in der Musik zu

6. KAPITEL

OBERTO, UN GIORNO DI REGNO, AROLDO oder ALZIRA heizt das Orchester die dramatischen und dynamischen Kontraste an – ein Stilmittel, das Verdi, nicht zuletzt durch seine Erfahrungen in Paris, Wien und St. Petersburg, in OTELLO zu höchster Vollendung bringen sollte.

Auch in NABUCCO und an manchen Stellen in ERNANI trifft man auf eine Kombination von Instrumenten, wie sie für die damalige Zeit mehr als ungewohnt war. Erst recht gilt das für MACBETH, wo die Musik auf kompositorische Geleise gerät, die weit in die Zukunft führen. Gerade in diesem Zusammenhang kommt dem genannten NOTTURNO eine ganz eigene Bedeutung zu, weil seine eher klassische Struktur noch auf einen anderen Bezug verweist: Geboren im Jahr 1813, gehörte Verdi zur Nachfolgegeneration jener Neapolitanischen Schule, deren prominente Vertreter wie Giovanni Paisiello oder Domenico Cimarosa auch als Opernkomponisten immer die klassische Linie vor Augen hatten. Dementsprechend beweist gerade dieses NOTTURNO in der Verbindung der Singstimme mit den solistischen Instrumenten, wie sehr Verdi schon in seinen Anfangsjahren er selbst war, bevor er in der Folgezeit stärker mit der Stimme experimentierte – nicht zuletzt, um auch Erfolg beim Publikum zu haben.

Die sogenannte Kantabilität, also die typisch italienische Art zu singen oder eine sangliche Melodie zu erfinden, ging Verdi über alles. Infolgedessen riefen die Bestrebungen der neuen italienischen Schule, die sich stärker an Wagners Gesangsstil anlehnten, größte Irritationen bei ihm hervor.

Was er stattdessen vorschlug, war eine Rückkehr zur italienischen Tradition: nicht im Sinne einer nostalgischen Verklärung, sondern einer Besinnung auf die eigenen musikalischen Wurzeln. Fließt bei ihm Kontrapunkt in seine Opern ein, so ist er nie auf die franko-flämischen Meister der Renaissance zurückzuführen, sondern stets auf Palestrina, den italienischen Großmeister des sechzehnten Jahrhunderts. Er war derjenige, den Verdi als zentralen Bezugspunkt für die gesamte italienische Musikgeschichte herausstellte. Der Jüngere nutzte dabei auch den Älteren, um sich wie jener als italienischer Komponist zu definieren – insbesondere über die *italianità* des Gesangs.

Man sollte stets im Hinterkopf behalten, dass Verdi eben nicht in Neapel oder Rom aufwuchs, sondern in Norditalien, in einer Region, in der sich aufgrund der Herrschaft der Österreicher die österreichisch-deutsche Musik gleichrangig neben der italienischen behauptete. Diese Doppelgesichtigkeit ist ganz entscheidend für das richtige Verständnis von Verdis Musik, die beiderlei Reize aufnahm und dann ihren persönlichen Stil daraus formte. Denn letztlich bleibt Verdi immer ganz bei sich. Und sogar in den dunkelsten und grauenerregendsten Momenten eines RIGOLETTO oder OTELLO leuchtet ein anderes Licht als in den dunklen Orchesterfarben der deutschen Musik.

Bekanntermaßen entwickelte Verdi sogar eine Art Aversion gegen diesen deutschen Einfluss. Dabei reagierte er als echter aufmüpfiger Bewohner der Emilia Romagna: Ihn ärgerte das Verhalten der kulturbeflissenen Bürger aus der Provinz, die Wagner plötzlich als Heilsbringer der wahren Musik erkannten und dafür Verdi in die Ecke drängten – ein jahrelanges Verstummen war die Folge, für das er sich glücklicherweise mit seinen späten Meisterwerken »rächte«.

Als ich um das Jahr 2000 begann, mich erneut intensiv mit dem OTELLO zu beschäftigen, lag eine lange Wegstrecke hinter mir, seit ich die Oper 20 Jahre zuvor in Florenz hatte dirigieren dürfen. Inzwischen hatte ich viele Wagner-Opern aufgeführt und mich mit Bruckner, Mahler und anderen sinfonischen Komponisten des späten neunzehnten Jahrhunderts auseinandergesetzt. Ich erwartete also, die Einflüsse Wagners auf den späten Verdi zu entdecken, getreu der These vieler Musikforscher, die genau darlegen, wie ausgiebig Verdi die Werke Wagners studiert habe und deshalb sogar 1871 zur italienischen Erstaufführung des LOHENGRIN nach Bologna gefahren sei.

Was mir dagegen auffiel, geht in eine ganz andere Richtung: Der Einfluss Wagners ist weitaus geringer als allgemein angenommen. Dafür finden sich sehr viel mehr Elemente des frühen Verdi im

OTELLO wieder, die der gereifte Komponist im Laufe seiner kompositorischen Arbeit immer weiter entwickelt hat. Insofern relativiert sich auch der Eindruck, das Finalthema aus dem OTELLO erinnere an den Anfang des PARSIFAL. Sicherlich kann man hier und da Ähnlichkeiten erkennen, aber meiner Meinung nach handelt es sich dabei um melodische Phänomene, die typisch für jene Epoche waren. Denn auch bei Haydn, Mozart und Beethoven finden sich entsprechende Analogien. Das heißt noch lange nicht, dass sie voneinander abgeschrieben hätten, sondern dass die Komponisten jener Zeit gleiche Präferenzen für bestimmte melodische und harmonische Fortschreitungen hegten. Interessanterweise verweist die ausgefeilte Instrumentation von Verdis OTELLO vor allem auf den Stil seiner frühen Jahre. Nicht nur in NABUCCO verwendete er Instrumente wie das Englischhorn oder – im Gebet des Zaccaria *Vieni, o Levita!* (»Oh, komm, Levit!«) – wie die sechs solistischen Violoncelli, die so bei keinem seiner komponierenden Zeitgenossen zu finden sind.

Zusammenfassend möchte ich erneut ein Bild bemühen: Der Komponist Verdi ist für mich wie ein mächtiger Strom, der anschwillt und an Reichtum gewinnt, je mehr Nebenflüsse sich zu ihm gesellen, der jedoch immer der ursprüngliche Fluss bleibt, der er von der Quelle an gewesen ist.

So viele Einflüsse oder auch Beeinflussungen er erlebt haben mag: Er hatte nie Grund, andere zu kopieren. Er ist und bleibt Verdi, von der ersten Note des NOTTURNO bis zur letzten Note des FALSTAFF. Und von seinen allerersten Anfängen an lässt sich seine Gestaltungskraft und seine eigene Persönlichkeit in jedem Takt wiedererkennen.

7. Kapitel

Gezähmte Leidenschaft und heitere Entzauberung

»*È sogno o realtà?*«

»Träum' ich, oder ist es Wirklichkeit?«

Ford in FALSTAFF,
2. Akt, 1. Teil

Einige Jahre verharrte Verdi in Schweigen, irritiert und erzürnt über die Differenzen, die sich zwischen der deutschen und der italienischen Musik aufgetan hatten. In dieser Zeit kamen so starke Selbstzweifel in ihm auf, dass er im Jahr der ersten Bayreuther Festspiele, 1876, wohlmeinende Ermunterungen, das Komponieren wieder aufzunehmen, kurz angebunden zurückwies: »Ich *war* einmal Künstler.« Drei Jahre später hieß es dann: »Ich bin zu alt, ich räume das Feld lieber für die Jüngeren.« Dank der intensiven Bemühungen seines Verlegers Giulio Ricordi jedoch kam es zu einem Treffen, das nicht nur Verdis Leben, sondern – zum Glück für uns alle – auch die weitere Musikgeschichte grundlegend umkrempeln sollte. Denn der Komponist lernte den Schriftsteller Arrigo Boito kennen, der ihm vorschlug, sein Libretto zu Shakespeares OTHELLO zu vertonen – wovon Verdi umgehend fasziniert war.

Verdis wachsendes Interesse an dieser Arbeit können wir gut anhand seiner Korrespondenz mit dem befreundeten Maler Domenico Morelli nachvollziehen, den er bat, eine Szene aus dem OTHELLO für ihn zu skizzieren:

»Z. B.: wenn Othello Desdemona erstickt; oder noch besser (weil neuer), wenn Othello, von Eifersucht zerrissen, in Ohnmacht fällt, wobei Jago ihn betrachtet und mit einem teuflischen Lächeln sagt: ›Zeig deine Wirkung, meine Arznei‹ … Jago, was für eine Figur!!!«

Auch dem Maler gefiel diese Szene sehr; er habe dabei, so heißt es in seinem Antwortschreiben, eine Gestalt wie einen Priester vor

7. KAPITEL

Augen – was zweifellos Musik in den Ohren des »Pfaffenfressers« Verdi war:

> »Gut, sehr gut, bestens, ausgezeichnet! Jago mit dem Aussehen eines Biedermanns! Du hast's getroffen! Oh, ich wusste es wohl, ich war dessen sicher. Mich dünkt, diesen Pfaffen zu sehen, das heißt diesen Jago mit dem Aussehen eines rechtschaffenen Menschen. Also rasch ...«

An diesem Briefwechsel spürt man förmlich, wie sich in Verdi irgendetwas für den OTHELLO-Stoff entzündet hatte. Unverzüglich begann er mit der Komposition – nachdem er lange Jahre, wohl vor allem durch Rossinis erfolgreiche Vertonung von 1816, den Stoff für sich nicht in Betracht gezogen hatte.

OTELLO ist als Oper so komplex, dass wir das Werk unter verschiedenen Gesichtspunkten analysieren wollen: Verdi, der ein Meister darin war, hochemotionale Situationen musikalisch zu »schildern«, komponierte hier den mächtigsten Seesturm überhaupt, noch gewaltiger als bei Wagner in der Ouvertüre zum FLIEGENDEN HOLLÄNDER, wo der Deutsche die peitschenden Wellen förmlich über dem Schiff zusammenschlagen lässt.

Auch in Verdis OTELLO eröffnen die entfesselten Kräfte der Natur die Oper. Der Komponist hatte eine große Vorliebe für diese Elemente, besonders für das Meer. Hier beschreibt er selbstverständlich nicht nur einen Ausbruch der Natur, sondern auch und vor allem einen Sturm der Gefühle. Dafür nutzt er sämtliche Instrumente, die ihm zur Verfügung stehen, einschließlich der Orgel – wie ein Maler, der sich aller Farben auf seiner Palette bedient.

Der Anfang des OTELLO zieht den Zuschauer mit erbarmungsloser Gewalt in seinen Bann; Donner und Blitz tun ein Übriges, bevor sich die Szene allmählich beruhigt – so wie Othellos innerer Sturm der Begegnung mit Desdemona Platz macht. Dabei ergeht sich das Paar in Geschichten von seiner großen Liebe, welche jedoch eher an eine Partnerschaft im Alter denken lässt.

Obwohl sich die beiden Liebenden nach Monaten der Trennung erstmals wiedersehen, fallen Otello nur folgende Worte in der Vergangenheitsform ein: »*E tu m'amavi per le mie sventure / ed io t'amavo per la tua pietà.*« (»Du liebtest mich wegen meines Unglücks, / und ich liebte dich wegen deines Mitgefühls.«) Desdemona bestätigt dies mit denselben Worten aus ihrer Sicht: »*Ed io t'amavo per le tue sventure / e tu m'amavi per la mia pietà.*« In diesem Duett spürt man nichts von der brennenden Liebe einer jungen Venezianerin zu dem kühnen Mohren und Statthalter Venedigs in Zypern. Musikalisch ist Verdi zweifellos ein wundervolles Duett gelungen, aber die beiden Hauptfiguren machen alles andere als den Eindruck eines leidenschaftlichen Liebespaares, so wie man es eigentlich erwarten würde und aus anderen Opern Verdis auch kennt.

Sicherlich fühlt sich Desdemona zu Othello hingezogen – nur dass man in der ganzen Oper keinerlei direkte Hinweise darauf finden kann. Einmal immerhin blitzt ein erotisches Moment auf, aber bezeichnenderweise lediglich in der Traumerzählung Jagos: »*Le labbra lente, lente movea, / nell'abandono / del sogno ardente.*« (»Sachte, sachte bewegte sie die Lippen, / hingegeben / ihrem erregenden Traum.«)

Im Hinblick auf Verdis notorische Eifersucht darf man hier in jedem Fall einen autobiografischen Bezug vermuten. Schließlich war der Komponist gerade zur Zeit der Komposition heftig in die Sängerin Teresa Stolz verliebt, wobei ihm unvermutet Angelo Mariani, Dirigent am Opernhaus in Bologna, als Rivale in die Quere kam.

Zwar dominiert das Motiv der Eifersucht die gesamte Oper und drängt die Liebe in den Hintergrund, dennoch ist es am Ende nicht Otellos Eifersucht, sondern die Heimtücke Jagos, die über den Ausgang der Tragödie entscheidet. Dementsprechend hat Verdi bei der Überarbeitung des OTELLO das Finale des 3. Aktes verändert und gestrafft, so dass Jago als Drahtzieher der teuflischen Intrige noch stärker auf der Bühne zum Tragen kommt. Ich entscheide mich gewöhnlich für diese Version anstelle der Erstfassung.

Auf die Figur des Jago hat sich Verdis Interesse so stark konzentriert, dass er zeitweise sogar plante, der Oper den Titel JAGO zu geben. Dabei dürften auch Person und Alter des Komponisten ins Spiel gekommen sein; denn aufgrund seiner Lebenserfahrung könnte Verdi durchaus die Neigung verspürt haben, der Eifersucht ein größeres Gewicht beizumessen als der Liebe.

Im Gegensatz zu FALSTAFF mit seinen lichten Farben ist OTELLO durchgehend düster koloriert. Verdi benutzte dafür vor allem – wie schon im REQUIEM – Kontrabässe plus Bassklarinetten. Als wir 2001 an der Scala OTELLO, in der Regie von Graham Vick und mit Plácido Domingo in der Titelpartie, zur Aufführung brachten, war es mein größtes Anliegen, genau diese düstere Färbung herauszustellen und dabei auch Verdis sehr genaue Angaben über die Stimmung der Instrumente einzubeziehen.

Damals musste er zum Glück nicht mehr seine Partituren bei einem Impresario abliefern wie in jungen Jahren, sondern war längst zu einem weltberühmten und respektierten Komponisten aufgestiegen. Außerdem konnte er sich auf den Schutz der 1882 gegründeten SIAE verlassen, die seitdem für die Wahrung der Urheberrechte einsteht. In einem Brief forderte er für OTELLO einen möglichst tiefen Kammerton A von nur 430 Hertz. Das ist kaum ein Viertelton tiefer als die sonst üblichen 442 Hertz, und dennoch nimmt das Ohr eine Veränderung der Klangfarbe wahr. Somit erreichte Verdi genau das angestrebte Ziel: eine Oper, die ganz in dunkel-bronzene Töne getaucht ist.

An der Scala haben wir uns seinerzeit für einen Kammerton von 436 Hertz entschieden – ein enormer Schritt nach vorne. Für die Wiederaufnahme der Produktion in Paris ließen wir sogar eigens neue Instrumente anfertigen, denn manche stoßen bei einer Umstimmung schnell an ihre Grenzen, während andere sich relativ leicht an die tiefe Stimmung anpassen. Das Ergebnis war jedenfalls verblüffend, denn auf einmal präsentierte sich OTELLO nicht mehr mit der sonst üblichen brillanten Oberfläche, sondern als düsteres Drama, bei dem sich die Musik ganz an die Handlung angepasst hatte.

In OTELLO fließt alles ein, was Verdi in den Jahren zuvor an Stilgefühl, dramatischem Instinkt und verfeinerter Orchestrierung dazugewonnen hat. Auch in NABUCCO und MACBETH fanden sich bereits perfekt gestaltete Szenen sowie instrumentale Klangfarben, die weit in die Zukunft wiesen. OTELLO jedoch fasst das alles in souveräner Weise zusammen.

Die einzige wirkliche Arie in OTELLO ist das *Credo* des Jago, auch wenn es ohne echten Schluss in die nächste Szene übergeht. Auffälligerweise scheint sich Verdi immer dann besonders wohlgefühlt zu haben, wenn er bösartige oder zynische Charaktere vor sich hatte, so als wollte er mit größtem Vergnügen betonen: »Wie schlecht ist doch die Welt!« Oder anders gesagt: »Wer an das Ammenmärchen vom Himmel glaubt, ist selber schuld.« Denn genau das verkündet Jago: Das Paradies bedeutet nichts als Lug und Trug!

Leider hat sich seit langem die Tradition eingebürgert, dass Jago sein *Credo* mit einem Gelächter beendet, was ich persönlich ganz schrecklich finde. Denn den einzigen Kommentar zu dieser Aussage, einen infernalischen Lärm, hat Verdi dem Orchester zugeteilt. Das Gelächter des Jago-Darstellers hingegen macht die Situation viel zu realistisch. Wann lachen Personen jemals aus vollem Halse in einem Bühnenstück? Die Musik im Orchester drückt die Stimmung sehr viel besser aus.

Natürlich gehört das *Credo* zu den populären »Stellen« des OTELLO, mit dem jeder Bariton glänzen möchte. Und dennoch muss man klar sagen, dass dieses *Credo* stilistisch eigentlich altbekannte Muster vorführt und damit in die Vergangenheit weist, während die übrige Oper vornehmlich den Blick in die Zukunft richtet.

Bevor ich meine Betrachtungen über OTELLO beende, möchte ich noch einmal auf das *Esultate*, den ersten Monolog des Otello, zurückkommen. Hier kann es passieren, dass von irgendjemandem vorgeschlagen wird, den folgenden Satz zu streichen, um nicht das Ehrgefühl der Muslime zu verletzen: »*L'orgoglio musulmano / sepolto è in mare; nostra e del ciel è gloria.*« (»Der Stolz der Muselmanen / ist im Meer versenkt; der Ruhm ist unser und des Himmels.«)

Mir ist es nie in den Sinn gekommen, dieser Phrase eine beson-

7. KAPITEL

dere politische Bedeutung beizumessen. Sie ist und bleibt ein Vers in einem Libretto, und dementsprechend sollte man sie auch bewerten. Wollten wir aus ethischen oder religiösen Gründen alle Libretti durchforsten und zensieren, wo sollte das hinführen? Sollen wir tatsächlich jede Oper an unseren heutigen Geschmack und Zeitgeist anpassen? Ehrlich gesagt sehe ich in den Worten des Otello keinen bewusst formulierten Gegensatz. Geschichte war und ist immer Zeuge unterschiedlichster Ereignisse – man kann sie nicht einfach verbrennen.

Kommen wir zum Abschluss zu Verdis letzter Oper, dem FALSTAFF. Auch hier war es Arrigo Boito, der das Stück vorschlug und so lange insistierte, bis sich der Komponist endlich breitschlagen ließ. Aufschlussreiche Einblicke erhalten wir auch diesmal durch den Briefwechsel der beiden. So schrieb Verdi am 7. Juli 1889 an Boito:

> »Habt Ihr beim Entwurf des FALSTAFF je an die enorme Zahl meiner Jahre gedacht? Ich weiß wohl, Ihr werdet mir antworten, indem Ihr meinen guten, hervorragenden, robusten Gesundheitszustand übertreibt ... Und so mag er auch sein. Trotzdem werdet Ihr mir zugeben, dass ich großer Kühnheit beschuldigt werden könnte, wollte ich eine so große Aufgabe übernehmen! – Und wenn ich der Schwäche nicht Herr würde?! Wenn ich mit der Musik nicht zu Ende käme?«

Boito antwortete Verdi am 9. Juli und versuchte ihn erneut zu überzeugen:

> »Das Schreiben einer komischen Oper würde Sie, glaube ich, nicht ermüden. Eine Tragödie macht den, der sie schreibt, wirklich leiden; der Geist erduldet eine schmerzliche Suggestion, die die Nerven krankhaft überspannt. Aber der Scherz und das Lachen der Komödie erheitern Körper und Geist. ›Ein Lächeln trägt einen Faden zum Gespinst des Lebens bei‹ ... Sie haben sich Ihr ganzes Leben lang ein schönes Thema für

eine komische Oper gewünscht; das ist das Zeichen dafür, dass die Ader der vornehm lustigen Kunst tatsächlich in Ihrem Hirn existiert; der Instinkt ist ein guter Ratgeber. Es gibt nur einen Weg, besser als mit dem OTELLO zu enden, und das ist der, siegreich mit dem FALSTAFF zu enden. Nachdem Sie alle Schmerzensrufe und Klagen des menschlichen Herzens haben ertönen lassen, mit einem mächtigen Ausbruch der Heiterkeit enden! Das wird in höchstes Erstaunen versetzen!«

Schon einen Tag später, am 10. Juli 1889, hatte sich Verdi überzeugen lassen:

»Amen; und so sei es! Machen wir also FALSTAFF! Denken wir im Augenblick nicht an die Hindernisse, das Alter, die Krankheiten!«

In dieser Oper als Spiegelbild seines Lebens wird Verdi selbst zum Protagonisten. Besonders der zweite Teil trägt stark autobiografische Züge. In der Gestalt des Falstaff reflektiert der alte Verdi sein eigenes Leben als Mensch und Komponist. Dieser grantelnde, über die Schlechtigkeit der Welt schimpfende Ritter gleicht haargenau seinem Schöpfer, der am Lebensende verlangte, dass nach seinem Tod alle seine Papiere verbrannt werden sollten. Dieses Leben wird hier auf die Bühne gebracht, aber trotz des altersweisen Lächelns hinterlässt die Geschichte mit ihren zynischen Kommentaren einen bitteren Beigeschmack.

Teil dieses Lebensrückblicks sind auch die Zitate aus früheren Opern, als wollte sich der alte Verdi darüber lustig machen: hier eine Handvoll Worte aus LA TRAVIATA oder IL TROVATORE, dort eine musikalische Anspielung. Man erkennt sie nicht so leicht, aber bei genauerem Studium lassen sie sich nicht übersehen.

Wie oft in seinem Leben mag Verdi mit moralisierenden Vorträgen über die »Ehre« behelligt worden sein! Jetzt lässt er Falstaff in einem großen Monolog bittere Worte darüber ausrufen: »*Il vostro Onor! Che onore?! che onor? che onor! che ciancia! / Che baia! – Può*

7. KAPITEL

l'onore riempirvi la pancia? / No. Può l'onor rimettervi uno stinco? Non può. / Né un piede? No. Né un dito? Né un capello? No. / L'onor non è chirurgo. Che è dunque? Una parola. / Che c'è in questa parola? C'è dell'aria che vola.« (»Eure Ehre! Welche Ehre?! Ehre? Ehre! Welch ein Geschwätz! / Welch ein Witz! – Kann die Ehre euch den Wanst füllen? / Nein. Kann die Ehre Euch ein Bein zurückgeben? Nein. / Oder einen Fuß? Auch nicht. Einen Zeh? Genauso wenig? Vielleicht ein Haar? Auch nicht. / Die Ehre ist kein Chirurg. Was also ist sie? Ein Wort. / Und was ist in diesem Wort? Luft, die davonfliegt.«) Verdis zynisches Fazit: Nichts steckt in der Ehre drin, und sie ist auch zu gar nichts nütze.

Falstaff versucht alles, um ans Ziel zu kommen, doch am Ende landet er in den Fluten der Themse: *»Mondo ladro. Mondo rubaldo. / Reo mondo! ... / Tutto declina.«* (»Schlechte Welt. Erbärmliche Welt. / Schändliche Welt! ... / Alles wird schlechter.«) Wer anders spricht hier als Verdi persönlich, der wie in einem Selbstporträt zu guter Letzt das Fazit zieht: *»Tutto nel mondo è burla.«* (»Alles auf Erden ist ein Schabernack.«) Er hätte auch sagen können: »Alles, was ich geschaffen habe, besitzt eigentlich keinen Wert, es war nichts als ein Scherz.« Im Rückblick scheint den Komponisten sein eigenes Werk kaum befriedigt zu haben, große Zweifel bleiben, und der Aufschrei der Posaunen im Finale des FALSTAFF hat buchstäblich etwas Diabolisches.

Zu den erstaunlichen Errungenschaften dieser letzten Oper zählt dagegen das Thema Liebe, das der 80-jährige Verdi noch einmal mit der Unschuld eines Jünglings in Töne gesetzt hat, nachdem er zuvor in seiner 50 Jahre währenden Komponistenkarriere die blutigsten und schauerlichsten Liebesverstrickungen auf die Bühne gebracht hatte. Mit der jugendfrischen Liebe zwischen Nannetta und Fenton beschließt der alte Verdi dieses Kapitel, während das Hin und Her zwischen Falstaff, Alice und Meg fast schon tragische Züge annimmt. Glauben mag Verdi an diese Liebe jedenfalls nicht mehr.

In seinem Ständchen im 2. Akt versucht Falstaff den beiden Damen zu imponieren: *»Quand'ero paggio / del Duca di Norfolk ero sottile, / Ero un miraggio / Vago, leggero, gentile, gentile.«* (»Als Page /

beim Herzog von Norfolk war ich einst schmal und zart, / fast schon ein Trugbild, / zierlich und lieblich, ganz lieblich.«) Dieses pfauenhafte Auftreten dient dem selbsternannten Bewahrer der Männlichkeit nicht nur dazu, großen Eindruck auf Alice und Meg zu machen, sondern es wirkt aus Verdis Blickwinkel auch wie eine ironische Vision dessen, was sein eigenes Leben gewesen ist. Und folglich verwandelt sich das Thema Liebe, als Konstante seines langen Wirkens als Opernkomponist, in eine Betrachtung über die Liebe.

Ich verehre FALSTAFF als Oper von einzigartiger Perfektion. Sie kann als einzige von Verdis Werken dem Vergleich mit Opern wie Mozarts COSÌ FAN TUTTE standhalten, wo das Thema Liebesbetrug ebenfalls ohne jeden bösartigen Zungenschlag und ohne Häme vorgeführt wird und stattdessen immer ein verständnisvolles Lächeln mitschwingt. Ich bewundere daran besonders das theatralische Raffinement: FALSTAFF ist Theater pur, eine Oper der pausenlosen Deklamation, durch die jede einzelne Figur so plastisch dargestellt wird, dass sich der Kontakt zum Publikum wie von selbst herstellt.

In COSÌ FAN TUTTE kommt es zum wahrhaftigen Partnertausch, doch die heitere Grundstimmung bleibt bis zum Ende erhalten. Genauso in FALSTAFF. Der liebestolle Alte stellt die unmöglichsten Dinge an, um zum Erfolg zu kommen, er wird in einem Waschkorb in die Themse ausgeschüttet – und trotzdem hat Verdi stets ein luftiges Lächeln einkomponiert. Jener oft so pessimistische, brummige Mann, der völlig irritiert war von den neuen musikalischen Strömungen, in Schweigen verfiel, die italienische Musik der Vergangenheit beschwor – hier, am Ende seines Lebens, wischt er alle seine Bedenken rigoros beiseite und schreibt als kulturelle, geistige und existenzielle Krönung seines Lebens diesen FALSTAFF.

Verdi selbst hätte unter seinen Opern am ehesten den RIGOLETTO vor einem Unglück retten wollen. Wenn man mich fragen würde: So wie ich bei Mozart in jedem Fall COSÌ FAN TUTTE den Vorzug vor allen anderen Opern gäbe, so fiele meine Wahl bei Verdi sicherlich auf FALSTAFF. Kein Zweifel, dieses Meisterwerk wäre mir ein großartiger Begleiter auf die berühmte »einsame Insel«.

Epilog

»Ich habe versucht, dir zu dienen«

> *»Comandare, impor tu dêi,*
> *Ben servirti ognun saprà.«*
>
> »Befehlen und behaupten musst du dich,
> Dann wird jeder dir gern dienen.«
>
> Chor der Schergen in I LOMBARDI ALLA PRIMA CROCIATA,
> 1. Akt, 5. Szene

So viele Opern von Verdi ich auch in meinem Leben schon dirigiert habe, so hoffe ich trotz alledem, in Zukunft auch noch die sogenannten Nebenwerke wie AROLDO, ALZIRA, LA BATTAGLIA DI LEGNANO oder IL CORSARO aufzuführen. Ich hätte in der Tat große Lust dazu, mit ihnen allen noch nähere Bekanntschaft zu schließen.

Mit einer Verdi-Oper allerdings hadere ich ein wenig. Zwar habe ich sie mir schon des Öfteren angeschaut, bin aber doch immer wieder vor ihr zurückgeschreckt, weil ich sie für zu unausgewogen halte: LUISA MILLER. Einerseits zieht sie mich durch ihre außerordentlichen und wirklich fantastischen Szenen in den Bann, dann wieder ermüdet sie mich durch ihre Längen. Ich bin mir überhaupt nicht sicher, ob ich sie jemals dirigieren werde. Aber wie sagte schon Padre Guardiano in LA FORZA DEL DESTINO: »*Chi può legger nel futuro?*« (»Wer kann in die Zukunft schauen?«)

Im Hinblick auf die Feierlichkeiten zum Verdi-Jahr 2013 habe ich mich erstmals mit SIMON BOCCANEGRA beschäftigt. Ich hatte diese Oper nie zuvor dirigiert, weil ich es immer ungemein schwierig gefunden hatte, die genau passende Besetzung für sie zu finden. Jetzt habe ich mir einen Ruck gegeben und meine Vorbehalte beiseitegeschoben, weil es keinen Sinn gehabt hätte, noch weiter zu warten.

Seinen ursprünglichen SIMON BOCCANEGRA hat Verdi auf Anregung von Boito über 20 Jahre nach der Uraufführung noch einmal grundlegend überarbeitet. Lange hatte der Komponist dem Stoff ziemlich ratlos gegenübergestanden, weil er ihm allzu düster und ohne jeden Hoffnungsschimmer erschienen war. Dabei war er zugleich der festen Überzeugung: »Diese Oper muss so trist sein, wie die ganze Geschichte trist ist.«

Die beträchtlichen Unterschiede zwischen der ersten Fassung von 1857 und der zweiten von 1881 haben sich zwangsläufig durch den langen zeitlichen Abstand ergeben. Vor allem aber spürt man die kundige Bearbeiterhand Arrigo Boitos. Insofern zeigt sich die Zweitfassung auch in stilistischer Hinsicht zwiegespalten: Die neukomponierten Teile machen deutlich, dass der OTELLO gleichsam schon vor der Tür stand, während andere Szenen noch jene Zeit widerspiegeln, als Verdi die Trilogie seiner überaus populären Opern RIGOLETTO, LA TRAVIATA und IL TROVATORE geschaffen hatte.

Verdis Kommentar zur Zweitfassung seines Werkes fiel sehr plastisch aus: »Wir haben dem alten Boccanegra die Beine gerichtet.« Er schätzte die Oper keineswegs geringer ein als ihre Schwesterwerke, aber es war ihm auch klar, dass es der ursprünglichen Version an theatralischem Biss gefehlt hatte. In der Überarbeitung bezeugen Momente frappierender Klangschönheit die sichere Hand des reifen Komponisten – so dass der Einfluss von Wagners Kompositionsstil hier zu Unrecht gern als Urheber angeführt wird. Bisweilen fühlt man sich sogar schon an die harmonischen und melodischen Kühnheiten eines Gustav Mahler erinnert. (Das würde übrigens auch erklären, warum der ein halbes Jahrhundert später geborene Mahler die Instrumentierung Verdis so hoch schätzte: Er empfand sie als verwandt mit seinem Werk.)

Sicher, manche harmonischen Formeln entstehen mehr oder weniger zwangsläufig als Resultat einer künstlerischen Entwicklung. Wenn dann – wie zum Ende des neunzehnten Jahrhunderts hin – solche Formeln im Zuge des musikalischen Aufbruchs in ganz Europa herumschwirrten, dienten sie verständlicherweise den verschiedensten Komponisten als Nahrung und wurden von ihnen aufgesogen – wie auch von Verdi oder Mahler.

Davon unberührt bleibt die Tatsache, dass Verdi in allen seinen Opern immer wieder seine künstlerische Autonomie unter Beweis gestellt hat, dass seine unverwechselbare Persönlichkeit einzigartig dasteht. Mit jedem Takt seiner Opern verbreitet er seine eigene musikalische Botschaft, die sich weder irgendwelchen Modeerscheinungen beugt noch falsche Kompromisse eingeht. Seine Musik speist sich vielmehr aus einer starken Grundidee und einer genialen Begabung, die schon in seinen allerersten Kompositionen aufscheint und die – wie ich bereits zuvor erläutert habe – eine ursprüngliche *italianità* im allerbesten Sinne verkörpert.

Zum Ende noch ein allerletzter grundsätzlicher Gedanke: Welches Geheimnis steckt in den Partituren Giuseppe Verdis? Diese Frage beschäftigt mich umso mehr, als ich eigentlich ursprünglich gar nicht daran gedacht hatte, Musiker zu werden. Erst die Begegnung mit Verdi hat mir die entscheidende Motivation geliefert, die Mühen des oftmals sehr fordernden Musikerdaseins unbedingt auf mich zu nehmen.

Verdi spricht uns als Menschen an, in seinen Figuren kann sich jeder von uns widerspiegeln. Sie besitzen einen solchen Reichtum an Facetten, dass wir darin nicht selten tröstliche Antworten auf die eigenen Probleme, Leiden und Freuden finden können.

Weil Verdi ein Theatermensch durch und durch war, geht meine Interpretation seiner Opern stets vom Wort aus: Jeder Akkord, jede Achtel-, jede Sechzehntelnote besitzt ihre Daseinsberechtigung, weil sie der theatralischen und dramatischen Wirkung des Werkes dient.

Verdi ist wie ein weiser alter Meister, der uns an die Hand nimmt und uns einzelne Augenblicke unserer Existenz besser verstehen lehrt. Gern wiederhole ich daher noch einmal jenen legendären Satz Gabriele d'Annunzios über Verdi, den ich schon in meiner Vorrede zitiert habe, weil er es genau auf den Punkt bringt: »Er gab der Hoffnung und der Trauer eine Stimme. / Er weinte und liebte für uns alle.«

Und mit »uns alle« meint D'Annunzio natürlich nicht nur uns Italiener, denn Verdis Größe besteht nicht zuletzt darin, dass er seine Geschichten auf ein universelles Niveau gehoben hat. Verdi hat wirklich stellvertretend für *alle* Menschen geweint und geliebt. Deshalb findet sich nicht bloß die italienische Kultur in seinen Opern wieder, sondern die der ganzen Welt.

EPILOG

Hin und wieder bin ich gefragt worden, was ich zu Verdi sagen würde, wenn ich die Gelegenheit hätte, ihn zu treffen. Nun, nach einer ersten Schrecksekunde dürften meine Worte wohl folgendermaßen lauten:

»Ich habe dich mein ganzes Musikerleben lang geliebt und dir gedient. Besser gesagt: Ich habe versucht, dir zu dienen ... Aber bitte sag' jetzt nichts dazu, ob es mir gelungen ist oder nicht! Denn falls nicht, würde ich mich fühlen wie zu ewiger Verdammnis verurteilt.«

Anhang

Vita Riccardo Muti

1941
Geboren am 28. Juli in Neapel als Sohn eines Arztes und einer Sängerin, aufgewachsen in Molfetta / Apulien; seit der Kindheit Klavier- und Gesangsunterricht

1958
Umzug nach Neapel; Klavierstudium am Conservatorio San Pietro a Majella unter Vincenzo Vitale, Abschluss mit Auszeichnung

1962 – 1966
Studium Komposition und Dirigieren am Mailänder Konservatorium »Giuseppe Verdi« bei Bruno Bettinelli und Antonino Votto

1967
1. Platz beim Dirigentenwettbewerb »Guido Cantelli« in Mailand

1968 – 1980
Leitender Dirigent des Maggio Musicale Fiorentino

1969
Hochzeit mit Cristina Mazzavillani in Ravenna; drei gemeinsame Kinder: Chiara, Francesco und Domenico

Seit 1971
Auf persönliche Einladung Herbert von Karajans 1971 erstes Dirigat bei den Salzburger Festspielen; in der Folge dort zahlreiche Auftritte

1972–1982
Chefdirigent des Philharmonia Orchestra London als Nachfolger Otto Klemperers

Seit Mitte der 1970er Jahre bis heute
Zahlreiche Gastdirigate u. a. beim Symphonieorchester des Bayerischen Rundfunks, den Berliner Philharmonikern, den Wiener Philharmonikern, dem New York Philharmonic, dem Orchestre National de France sowie an den renommiertesten internationalen Opernbühnen

1980–1992
Chefdirigent des Philadelphia Orchestra als Nachfolger Eugène Ormandys

1986–2005
Musikdirektor des Teatro alla Scala, Mailand; neben zahlreichen Verdi-Produktionen u. a. auch Realisierung von Mozarts Da-Ponte-Opern und Wagners RING; Wiederentdeckung vergessener Werke der neapolitanischen Schule, aber auch von Gluck, Cherubini und Spontini sowie Poulencs LES DIALOGUES DES CARMÉLITES, die Muti den renommierten Kritikerpreis »Franco Abbiati« einbrachten; 2004 große Wiedereröffnung des renovierten Theaters mit Salieris EUROPA RICONOSCIUTA

1992
Konzert zur Feier des 150. Geburtstages der Wiener Philharmoniker mit Verleihung des Goldenen Ringes an Riccardo Muti

1993
Leitung des renommierten Neujahrskonzerts der Wiener Philharmoniker (ebenfalls 1997, 2000 und 2004)

Seit 1997
Als Zeichen seines sozialen Bewusstseins zahlreiche Konzerte im Rahmen des Projektes »*Le vie dell'Amicizia*«, initiiert vom Ravenna Festival, u. a. mit Chor und Orchester des Teatro alla Scala, des Maggio Musicale Fiorentino, den Musicians of Europe United und dem Orchestra Giovanile »Luigi Cherubini« in Sarajevo, Beirut, Jerusalem, Moskau, New York, Nairobi, im Libanon u. v. m.

2003
»Journée Riccardo Muti« des Radiosenders France Musique mit einer 14-stündigen Sendung von Aufnahmen Mutis; Konzert zur Wiedereröffnung des Teatro La Fenice in Venedig

2004
Gründung des Orchestra Giovanile »Luigi Cherubini«, bestehend aus jungen ausgewählten italienischen Instrumentalisten, mit Sitz in Piacenza und Ravenna

2006
Eröffnungskonzert anlässlich der Feierlichkeiten zum 250. Geburtstag von W. A. Mozart bei den Salzburger Festspielen

2007–2011
Künstlerischer Leiter der Salzburger Pfingstfestspiele; Projekt zur Wiederentdeckung neapolitanischer Komponisten des achtzehnten Jahrhunderts mit dem Orchestra Giovanile »Luigi Cherubini« ebenda

2010
Feier zur 40-jährigen Zusammenarbeit zwischen Riccardo Muti und den Salzburger Festspielen

Seit 2010
Chefdirigent des Chicago Symphony Orchestra als Nachfolger von Bernard Haitink

Auszeichnungen und Ehrungen (Auswahl)

Cavaliere di Gran Croce (Italien, 1990)
Honorary Knight Commander / Order of the British Empire
 (Großbritannien, 2000)
Wolf-Preis der Künste (Israel, 2000)
Großes Silbernes Ehrenzeichen für Verdienste um die Republik
 Österreich (Österreich, 2001)
Silbermedaille des Mozarteums Salzburg (Österreich, 2001)
Bundesverdienstkreuz 1. Klasse (Deutschland, 2001)
Otto-Nicolai-Medaille der Wiener Philharmoniker (2001)
Offizier der Ehrenlegion (Frankreich, 2010)
Ernennung zum »Musiker des Jahres« durch die Zeitschrift
 Musical America (2010)
Prinz-von-Asturien-Preis in der Kategorie Kunst (Spanien, 2011)
Freundschaftsorden (Russland, 2011)
Auszeichnung des Opernmagazins *Opera News* (2011)
Birgit-Nilsson-Preis (Schweden, 2011)
Zwei Grammy Awards (»Best Classical Album« und »Best
 Choral Performance«) für die Einspielung von Verdis MESSA
 DA REQUIEM mit dem Chicago Symphony Orchestra (2011)
Gregoriusorden (Vatikan, 2012)
Vittorio-De-Sica-Preis (Italien, 2012)

Ehrenmitglied der Wiener Philharmoniker
Ehrenmitglied der Wiener Gesellschaft der Musikfreunde
Ehrenmitglied der Wiener Hofmusikkapelle
Ehrenmitglied der Wiener Staatsoper
Ehrenmitglied der Royal Academy of Music
Ehrendirigent des Teatro dell'Opera Rom
Ehrenwürden u. a. der Universität Barcelona (2003), der
 Universität Siena (2007), der Universität Mailand (2012)
 und der Universität Neapel »L'Orientale« (2013)

Auflistung der von Riccardo Muti dirigierten Werke Verdis

Nabucco
Ernani
I due Foscari
Attila
Macbeth
I masnadieri
Rigoletto
Il trovatore
La traviata
I vespri siciliani (Les Vêpres siciliennes)
Simon Boccanegra
Un ballo in maschera
La forza del destino
Don Carlos
Aida
Messa da Requiem
Otello
Falstaff
Quattro pezzi sacri
Sinfonia giovanile
Alle Ouvertüren und Opernvorspiele
Notturno für Sopran, Tenor, Bass, Flöte und Klavier

Anlässlich des 100. Todestages des Komponisten im Jahr 2001 hat Maestro Muti außerdem einige seltene Stücke aus dem Opern- und Geistliche-Musik-Repertoire aufgeführt.

Verdis Opern auf einen Blick

(zusammengestellt von Armando Torno)

OBERTO, CONTE DI SAN BONIFACIO – OBERTO, GRAF VON SAN BONIFACIO

Drama in zwei Akten
Libretto von Temistocle Solera
Uraufführung: Mailand, Teatro alla Scala, 17. November 1839

Personen
Oberto, Graf von San Bonifacio, Bass
Leonora, Obertos Tochter, Sopran
Cuniza, Schwester von Ezzelino da Romano, Mezzosopran
Riccardo, Graf von Salinguerra, Tenor
Imelda, Cunizas Vertraute, Mezzosopran
Weitere Nebenfiguren
Chor

Handlung
Die Handlung spielt auf der Burg von Ezzelino da Romano in Bassano im Jahr 1228. Der junge Graf Riccardo ist Cuniza, Ezzelinos Schwester, versprochen; trotzdem verführt er Leonora, die Tochter von Oberto. Dieser drängt das Mädchen dazu, Cuniza die Wahrheit zu verraten. Cuniza zeigt sich solidarisch mit Leonora, verzichtet auf Riccardo und zwingt diesen, Leonora als Wiedergutmachung zu heiraten. Doch so weit kommt es nicht: Oberto fordert Riccardo zum Duell heraus und wird dabei getötet, Leonora geht in ein Kloster.

Un giorno di regno – König für einen Tag

Opera buffa in zwei Akten
Libretto von Felice Romani nach der Komödie LE FAUX STANISLAS
von Alexandre Duval
Uraufführung: Mailand, Teatro alla Scala, 5. September 1840
Nach dem Fiasko der Uraufführung arbeitete Verdi die Oper
im Jahr 1845 für Venedig unter dem neuen Titel IL FINTO
STANISLAO – DER FALSCHE STANISLAUS um.

Personen
Cavaliere Belfiore, »Stanislaus von Polen«, Bariton
Baron Kelbar, Bass
Marchesa del Poggio, Sopran
Giulietta di Kelbar, Mezzosopran
Edoardo di Sanval, Tenor
Signor La Rocca, Bass
Graf Ivrea, Tenor
Delmonte, Bass
Diener, Vasallen und weitere Nebenfiguren
Chor

Handlung
Frankreich, im achtzehnten Jahrhundert. Um seine Feinde inkognito zu bekämpfen, lässt sich König Stanislaus von Polen durch Cavaliere Belfiore vertreten, der sich noch nicht einmal seiner Geliebten, der Marchesa del Poggio, zu erkennen gibt. In dieser Verkleidung nimmt er an zahlreichen amourösen Verstrickungen am Hof teil. Als der König in Sicherheit ist, befördert er Belfiore aus Dank zum Marschall. Dieser enthüllt seine wahre Identität und heiratet die Marchesa del Poggio.

NABUCODONOSOR (NABUCCO)

Oper in vier Akten
Libretto von Temistocle Solera nach dem Drama
NABUCHODONOSOR von Auguste Anicet-Bourgeois
Uraufführung: Mailand, Teatro alla Scala, 9. März 1842

Personen
Nabucodonosor, König von Babylonien, Bariton
Zaccaria, Hohepriester der Hebräer, Bass
Abigaille, Sklavin, angebliche Tochter Nabuccos, Sopran
Fenena, Nabuccos Tochter, Mezzosopran oder Sopran
Ismaele, Neffe des Königs von Jerusalem, Tenor
Der Oberpriester des Baal, Bass
Anna, Zaccarias Schwester, Sopran
Weitere Nebenfiguren
Chor

Handlung
Vor dem historischen Hintergrund des babylonischen Sieges über die Hebräer ereignet sich die Liebe zwischen Ismaele, dem Neffen des Königs von Jerusalem, und Fenena, der Tochter des babylonischen Königs Nabucco, die zum Judentum konvertiert ist. Die Sklavin Abigaille, ebenfalls in Ismaele verliebt, findet heraus, dass sie nicht die Tochter Nabuccos ist, nimmt dessen Krone in ihren Besitz und verurteilt die hebräischen Gefangenen zum Tode. Als Nabucco seine Tochter Fenena in Lebensgefahr sieht, betet er zum hebräischen Gott. Durch königstreue Wachen werden alle Hebräer befreit, Abigaille vergiftet sich und fleht um Vergebung.

I LOMBARDI ALLA PRIMA CROCIATA – Die Lombarden auf dem ersten Kreuzzug

Oper in vier Akten
Libretto von Temistocle Solera nach dem gleichnamigen Versepos von Tommaso Grossi
Uraufführung: Mailand, Teatro alla Scala, 11. Februar 1843

Personen
Arvino, Tenor
Pagano, Bass
Viclinda, Sopran
Giselda, Sopran
Pirro, Bass
Prior der Stadt Mailand, Tenor
Acciano, Tyrann von Antiochia, Bass
Oronte, Accianos Sohn, Tenor
Sofia, Accianos Gattin, Sopran
Weitere Nebenfiguren
Chor

Handlung
Die Brüder Pagano und Arvino lieben beide Viclinda, die sich jedoch für Arvino entscheidet. Pagano möchte sich rächen, tötet aus Versehen aber seinen Vater. Zur Verbüßung dieser Sünde zieht er mit den lombardischen Kreuzrittern ins Heilige Land, wohin auch Arvino gelangt, weil seine Tochter Giselda von Acciano, dem Tyrannen von Antiochia, geraubt worden ist. Diese liebt Oronte, Accianos Sohn, der ihre Liebe erwidert, aber von den Kreuzrittern getötet wird bei deren Versuch, Giselda zu befreien. Jerusalem wird erobert und Pagano tödlich verletzt; die beiden Brüder umarmen sich ein letztes Mal.

ERNANI

Oper in vier Akten
Libretto von Francesco Maria Piave nach Victor Hugos Drama
HERNANI
Uraufführung: Venedig, Teatro La Fenice, 9. März 1844

Personen
Ernani (Don Juan von Aragón), Tenor
Don Carlos, König von Spanien, Bariton
Don Ruy Gómez de Silva, spanischer Grande, Bass
Elvira, Nichte und Verlobte des Don Ruy Gómez de Silva, Sopran
Giovanna, Elviras Amme, Sopran
Don Riccardo, Schildknappe, Tenor
Jago, Ritter des Don Ruy Gómez de Silva, Bass
Weitere Nebenfiguren
Chor

Handlung
Spanien, im Jahr 1519. Don Juan von Aragón führt, verkleidet als Ernani, eine Revolte gegen Don Carlos, den König von Spanien. Beide lieben Elvira, die jedoch ihrem alten Onkel Don Ruy Gómez de Silva versprochen ist. Während Don Carlos, zwischenzeitlich zum Kaiser gewählt, großmütig auf seine Liebe zu ihr verzichtet und die Hochzeit zwischen Elvira und Ernani anordnet, fordert der rachsüchtige de Silva ein altes Versprechen ein: Beim Ertönen des Hornsignals muss sich Ernani das Leben nehmen.

I due Foscari – Die beiden Foscari

Oper in drei Akten
Libretto von Francesco Maria Piave nach Lord Byrons Drama
  The Two Foscari
Uraufführung: Rom, Teatro Argentina, 3. November 1844

Personen
Francesco Foscari, Doge von Venedig, Bariton
Jacopo Foscari, Sohn des Dogen, Tenor
Lucrezia Contarini, Jacopos Frau, Sopran
Jacopo Loredano, Mitglied im Rat der Zehn, Bass
Barbarigo, Senator, Tenor
Pisana, Freundin von Lucrezia, Mezzosopran oder Sopran
Infanterist des Rates der Zehn, Tenor
Ein Diener des Dogen, Bass
Weitere Nebenfiguren
Chor

Handlung
Man schreibt das Jahr 1457. Im Saal des Dogenpalastes von Venedig verurteilt der Rat der Zehn Jacopo Foscari wegen Mordes zum Exil; er ist der Sohn des Dogen, des unbeugsamen Vollstreckers der Rechte in der Serenissima. Nach einem letzten Gruß an seine Frau und seine Söhne stirbt Jacopo im Augenblick der Abreise an gebrochenem Herzen, somit genau in dem Moment, als sich seine Unschuld herausstellt. Der Doge wird zur Abdankung gezwungen und stirbt an Kummer.

GIOVANNA D'ARCO – DIE JUNGFRAU VON ORLÉANS

Oper in einem Vorspiel und drei Akten
Libretto von Temistocle Solera nach Friedrich Schillers Drama
DIE JUNGFRAU VON ORLÉANS
Uraufführung: Mailand, Teatro alla Scala, 15. Februar 1845

Personen
Carlo VII. (Karl VII.), König von Frankreich, Tenor
Giovanna (Johanna), Giacomos Tochter, Sopran
Giacomo, Hirte, Bariton
Delil, Offizier des Königs, Tenor
Talbot, Oberkommandant der Engländer, Bass
Weitere Nebenfiguren
Chor

Handlung
Im Frankreich des Hundertjährigen Krieges träumt Carlo VII. von der Jungfrau Maria. Da sie ihn ermahnt, die Waffen niederzulegen, lässt er diese in einer Kapelle zurück. In dieselbe Kapelle begibt sich Giovanna, um zur Jungfrau zu beten und um Waffen zu bitten, mit denen sie Frankreich retten kann. Als sie jene des Königs findet, legt sie sie an. Ihr Vater bezichtigt sie eines Pakts mit dem Teufel und liefert sie an die Engländer aus. Bald jedoch bereut er seine Tat und befreit sie. Mit seinem Einverständnis kämpft Giovanna an der Seite des Königs in der siegreichen Schlacht, die für sie allerdings tödlich endet.

Alzira

Oper in einem Vorspiel und zwei Akten
Libretto von Salvatore Cammarano nach der Tragödie Alzire
von Voltaire
Uraufführung: Neapel, Teatro San Carlo, 12. August 1845

Personen
Alzira, Sopran
Gusmano, Bariton
Alvaro, Gusmanos Vater, Bass
Ovando, spanischer Herzog, Tenor
Zamoro, Tenor
Zuma, Alziras Magd, Mezzosopran
Otumbo, amerikanischer Krieger, Tenor
Weitere Nebenfiguren
Chor

Handlung

Peru, Mitte des sechzehnten Jahrhunderts. Zamoro, der Verlobte Alziras, kämpft an der Spitze einer Gruppe widerständiger Inkas gegen die spanischen Unterdrücker. Alzira, die ihn getötet glaubt, wird gezwungen, zum Christentum zu konvertieren und den spanischen Gouverneur Gusmano zu heiraten. Doch Zamoro lebt, kehrt zurück und stößt dem Tyrannen seinen Dolch in die Brust. Dieser bereut im Moment des Todes seine Missetaten und ernennt Zamoro, der sich ebenfalls taufen lässt, zum Gouverneur.

ATTILA

Oper in einem Vorspiel und drei Akten
Libretto von Temistocle Solera (vollendet von Francesco
Maria Piave) nach Zacharias Werners Tragödie ATTILA,
KÖNIG DER HUNNEN
Uraufführung: Venedig, Teatro La Fenice, 17. März 1846

Personen
Attila, König der Hunnen, Bass
Ezio, römischer Feldherr, Bariton
Odabella, Tochter des Herrschers von Aquileia, Sopran
Foresto, Ritter aus Aquileia, Tenor
Uldino, Attilas Sklave, Tenor
Leone, Bischof von Rom, Bass
Chor

Handlung
Aquileia, Mitte des fünften Jahrhunderts. Die Hunnen haben unter Attilas Leitung die Stadt zerstört, verschonen jedoch einige Kriegerinnen, unter denen sich auch Odabella befindet. Attila verliebt sich in sie. Er schickt sich an, Rom einzunehmen, und lehnt ein Waffenstillstandsangebot des Kaisers ab. Ezio versucht, mit der Hilfe Forestos, Odabellas Verlobtem, Attila zu vergiften, doch Odabella vereitelt den Anschlag: nicht aus Liebe, wie Attila vermutet, der gleich ihre gemeinsame Hochzeit für den nächsten Tag festsetzt, sondern weil sie ihn selbst töten will. So passiert es, die Römer tragen den Sieg davon.

Macbeth

Oper in vier Akten
Libretto von Francesco Maria Piave und Andrea Maffei nach dem
gleichnamigen Drama von William Shakespeare
Uraufführung: Florenz, Teatro della Pergola, 14. März 1847
Uraufführung der revidierten Fassung: Paris, Théâtre Lyrique,
21. April 1865

Personen
Macbeth, General in König Duncans Armee, Bariton
Banquo, General desselben Heeres, Bass
Lady Macbeth, Macbeths Ehefrau, Sopran
Kammerfrau der Lady Macbeth, Mezzosopran
Macduff, schottischer Edelmann, Tenor
Malcolm, Duncans Sohn, Tenor
Duncan, König von Schottland, stumme Rolle
Fleanzio, Banquos Sohn, stumme Rolle
Ein Arzt, Bass
Ein Diener Macbeths, Bass
Weitere Nebenfiguren
Chor

Handlung
Macbeth und Banquo begegnen nach einem Sieg über die Rebellen Hexen, die ihnen weissagen, dass Macbeth König von Schottland werde und Banquos Söhne in Zukunft herrschen würden. Die Prophezeiung tritt ein: Macbeth tötet Duncan und wird König; des Verbrechens beschuldigt wird der Sohn des Getöteten, Malcolm, der gezwungen ist zu fliehen. Von seiner Frau Lady Macbeth angestiftet, tötet Macbeth auch Banquo, wird aber von dessen Schatten verfolgt. Die Hexen sagen voraus, dass er König bleibe, bis der Wald von Birnam gegen ihn vorrücke; tatsächlich handelt es sich bei dem Wald um Soldaten, die unter Malcolms Leitung angreifen und sich deshalb mit Zweigen tarnen. Macbeth wird getötet.

I MASNADIERI – DIE RÄUBER

Oper in vier Akten
Libretto von Andrea Maffei nach Friedrich Schillers Drama
DIE RÄUBER
Uraufführung: London, Her Majesty's Theatre, 22. Juli 1847

Personen
Massimiliano (Maximilian), Graf von Moor, Bass
Carlo (Karl), Massimilianos Sohn, Tenor
Francesco (Franz), Massimilianos Sohn, Bariton
Amalia, Nichte des Grafen, Sopran
Arminio (Hermann), Kämmerer, Tenor
Moser, ein Pfarrer, Bass
Rolla (Roller), ein Gefährte von Carlo, Tenor
Weitere Nebenfiguren
Chor

Handlung
Deutschland, zu Beginn des achtzehnten Jahrhunderts. Carlo, Sohn des Grafen von Moor, erhält einen Brief, in dem ihm seine Enterbung mitgeteilt wird. Er glaubt, dass der Brief von seinem Vater stammt, in Wirklichkeit wurde er jedoch von seinem Bruder Francesco geschrieben. Um sich zu rächen, setzt sich Carlo an die Spitze einer Räuberbande; währenddessen verkündet Francesco seinem Vater Carlos Tod. Auch Amalia, Carlos Verlobte, lässt er in diesem Glauben, da er sie für sich erobern möchte. Beim Zusammentreffen der Brüder mit den Räubern kommt die Wahrheit ans Licht, doch kann Francesco fliehen. Amalia gesteht Carlo ihre Liebe. Da er sie nicht zu seiner Räuberbraut machen kann, ersticht er sie und stellt sich den Wachen.

JÉRUSALEM
Oper in vier Akten
Libretto von Alphonse Royer und Gustave Vaëz
Umarbeitung der Oper I LOMBARDI ALLA PRIMA CROCIATA
Uraufführung: Paris, Théâtre de l'Opéra, 26. November 1847
Uraufführung der italienischen Fassung GERUSALEMME von
    Calisto Bassi: Mailand, Teatro alla Scala, 26. Dezember 1850

Personen
Gaston, Vicomte von Béarn, Tenor
Der Graf von Toulouse, Bariton
Roger, Bruder des Grafen, Bass
Hélène, Tochter des Grafen, Sopran
Raymond, Gastons Knappe, Tenor
Der Emir von Ramla, Bass
Isaure, Hélènes Vertraute, Mezzosopran
Weitere Nebenfiguren
Chor

Handlung
Um die Fehde zwischen zwei Familien zu beenden, soll Hélène Gaston heiraten. Ihr Onkel Roger ist eifersüchtig auf Gaston und beauftragt einen Mörder, der statt Gaston jedoch Rogers Bruder, den Grafen, trifft. Roger zieht sich nach Palästina zurück, wohin auch Gaston und, auf seiner Spur, Hélène gelangen; beide werden vom Emir aufgegriffen. Der Graf, der das Attentat überlebt hat, kommt an der Spitze des Kreuzzuges ebenfalls nach Palästina. Er befreit seine Tochter Hélène und lässt Gaston verhaften, den er des versuchten Mordes für schuldig hält. Roger befreit Gaston, damit er am Kampf teilnehmen kann; tödlich verletzt enthüllt er die Wahrheit. Jerusalem wird befreit.

IL CORSARO – DER KORSAR

Oper in drei Akten
Libretto von Francesco Maria Piave nach Lord Byrons Versepos
THE CORSAIR
Uraufführung: Triest, Teatro Grande, 25. Oktober 1848

Personen
Corrado, Hauptmann der Korsaren, Tenor
Medora, Corrados Geliebte, Sopran
Seid, Pascha von Coron, Bariton
Gulnàra, Seids Sklavin, Sopran
Selimo, Bass
Weitere Nebenfiguren
Chor

Handlung
Dem griechischen Korsar Corrado gelingt es, sich unter die Türken zu mischen, die vom Pascha Seid kommandiert werden. Seine Korsaren greifen an, doch er selbst wird verhaftet. Gulnàra, Seids Konkubine, rettet Corrado. Als dieser in sein Lager zurückkehrt, trifft er auf seine sterbende Geliebte Medora: Sie hatte eine falsche Nachricht von Corrados Tod vernommen und sich daraufhin vergiftet. Fassungslos stürzt sich Corrado ins Meer und verschwindet in den Fluten.

La battaglia di Legnano – Die Schlacht von Legnano

Oper in vier Akten
Libretto von Salvatore Cammarano
Uraufführung: Rom, Teatro Argentina, 27. Januar 1849
Um den Ansprüchen der österreichischen Zensur zu genügen, wurde das Stück bei Ricordi unter dem Titel L'ASSEDIO DI ARLEM – DIE BELAGERUNG VON HAARLEM veröffentlicht.

Personen
Federico (Kaiser Friedrich I.) Barbarossa, Bass
Rolando, Mailänder Fürst, Bariton
Lida, Rolandos Frau, Sopran
Arrigo, Kämpfer aus Verona, Tenor
Bürgermeister von Como, Bass
Marcovaldo, Gefangener, Bariton
Imelda, Lidas Magd, Mezzosopran
Weitere Nebenfiguren
Chor

Handlung
Im Jahr 1776 wird Mailand von Barbarossa bedroht. Unter den Verteidigern der Stadt befinden sich auch Rolando, Lidas Ehemann, und Arrigo, ihr ehemaliger Geliebter, der sich den Todesrittern anschließen will. Als Rolando Lida und Arrigo bei einer klärenden Unterhaltung überrascht, glaubt er sich betrogen und schließt Arrigo in einem Turmgemach ein. So kann dieser nicht am Krieg teilnehmen und wird seiner Ehre beraubt. Durch einen gewagten Sprung vom Turmbalkon kann er jedoch fliehen. Die Lombarden kehren siegreich zurück. Unter ihnen befindet sich auch der in der Schlacht tödlich verwundete Arrigo, der sich die Fahne ans Herz presst und stirbt.

Luisa Miller

Oper in drei Akten
Libretto von Salvatore Cammarano nach Friedrich Schillers Drama
KABALE UND LIEBE
Uraufführung: Neapel, Teatro San Carlo, 8. Dezember 1849

Personen
Der Graf von Walter, Bass
Rodolfo, Sohn des Grafen, Tenor
Miller, ein Soldat im Ruhestand, Bariton
Luisa, Millers Tochter, Sopran
Wurm, Schlossvogt des Grafen von Walter, Bass
Federica, Nichte des Grafen, Mezzosopran
Weitere Nebenfiguren
Chor

Handlung
Tirol, in der ersten Hälfte des siebzehnten Jahrhunderts. Luisa Miller liebt Rodolfo, den Sohn des Grafen von Walter. Dieser erwidert ihre Gefühle, soll aber Federica, die Nichte des Grafen, heiraten. Um dies zu vermeiden, erpresst er seinen eigenen Vater. Der alte Miller wird verhaftet, weil er sich den Ungerechtigkeiten des Grafen entgegenstellt hat. Wurm, der auch in Luisa verliebt ist, stellt Rettung in Aussicht, sofern Luisa in einem Brief erklärt, nicht Rodolfo, sondern ihn zu lieben. Nachdem Rodolfo dies von ihr bestätigt bekommen hat, schüttet er Gift in zwei Gläser, die er zusammen mit Luisa leert. Zu spät gesteht sie die Wahrheit.

Stiffelio

Oper in drei Akten
Libretto von Francesco Maria Piave nach dem Drama LE PASTEUR,
 OU L'ÉVANGILE ET LE FOYER von Émile Souvestre und Eugène
 Bourgeois
Uraufführung: Triest, Teatro Grande, 16. November 1850

Personen
Stiffelio (Rodolfo Müller), protestantischer Pastor, Tenor
Lina, Stiffelios Frau, Sopran
Stankar, alter Oberst und Linas Vater, Bariton
Raffaele, Edler, Tenor
Jorg, alter Minister, Bass
Federico von Freugel, Tenor
Dorotea, Linas Cousine, Mezzosopran
Weitere Nebenfiguren
Chor

Handlung
Deutschland, zu Beginn des neunzehnten Jahrhunderts. Der neue Pastor Stiffelio findet sich auf der Burg seines Schwiegervaters Stankar ein. Er zeigt sich großzügig, indem er in einem Fall von Ehebruch, dessen Protagonisten ihm nicht genannt werden, kein Strafurteil erteilt. Bei dem Paar handelt es sich jedoch um keine Geringeren als um seine eigene Frau Lina und den Edlen Raffaele. Nachdem er die Wahrheit erfahren hat, schwankt Stiffelio zwischen gegensätzlichen Gefühlen. Schließlich bietet er Lina die Scheidung an, welche sie akzeptiert; zugleich gesteht sie jedoch, ihn niemals wirklich betrogen zu haben. Ihr Vater Stankar tötet Raffaele, während Stiffelio in der Kirche die biblische Episode über die Ehebrecherin als Zeichen der Vergebung liest.

Rigoletto

Oper in drei Aufzügen
Libretto von Francesco Maria Piave nach Victor Hugos Drama
LE ROI S'AMUSE
Uraufführung: Venedig, Teatro La Fenice, 11. März 1851
Der Titel des Librettos lautete zunächst LA MALEDIZIONE – DER FLUCH; in Rom wurde die Oper aufgrund der Zensur in VISCARDELLO umbenannt. Die Zensur schlug Verdi auch den Titel DUCA DI VENDÔME – DER HERZOG VON VENDÔME vor, doch der Komponist akzeptierte diesen Vorschlag nicht.

Personen
Der Herzog von Mantua, Tenor
Rigoletto, Hofnarr, Bariton
Gilda, Rigolettos Tochter, Sopran
Sparafucile, Mörder, Bass
Maddalena, Sparafuciles Schwester, Alt
Giovanna, Gildas Aufseherin, Mezzosopran
Der Graf von Monterone, Bariton
Weitere Nebenfiguren
Chor

Handlung
Mantua, im sechzehnten Jahrhundert. Der Herzog von Mantua ist ein Frauenheld. Auch die Tochter des Grafen von Monterone verführt er; den Grafen selbst wirft er ins Gefängnis. Dieser verflucht den Herzog und auch dessen Hofnarr Rigoletto. Höflinge rauben die angebliche Geliebte Rigolettos, die in Wahrheit aber seine Tochter Gilda ist und ebenfalls vom Herzog verführt wurde. Rigoletto beauftragt Sparafucile, den Herzog zu töten und seine Leiche in einen Sack zu legen; auf diese Weise möchte er die verlorene Ehre seiner Tochter rächen. Als Gilda das Komplott durchschaut, opfert sie aus Liebe zum Herzog ihr Leben. Allzu spät erkennt Rigoletto die furchtbare Wahrheit. Der Fluch hat sich erfüllt.

Il trovatore – Der Troubadour

Oper in vier Akten
Libretto von Salvatore Cammarano nach dem Drama
   El trovador von Antonio García Gutiérrez
Uraufführung: Rom, Teatro Apollo, 19. Januar 1853
Uraufführung der französischen Fassung Le Trouvère von
   Émilien Pacini: Paris, Théâtre de l'Opéra, 12. Januar 1857

Personen
Manrico (der Troubadour), Offizier, vorgeblicher Sohn Azucenas,
   Tenor
Graf von Luna, junger aragonischer Edelmann, Bariton
Leonora, Hofdame der Fürstin von Aragón, Sopran
Azucena, Zigeunerin aus der Biskaya, Mezzosopran
Ferrando, Hauptmann im Heer des Grafen von Luna, Bass
Ines, Vertraute Leonoras, Sopran
Weitere Nebenfiguren
Chor

Handlung
Biskaya und Aragón, zu Beginn des fünfzehnten Jahrhunderts. Der Graf von Luna verbringt die Nächte damit, seine geliebte Leonora zu beaufsichtigen. Diese liebt jedoch den Troubadour Manrico, den der Graf zum Duell herausfordert. Manrico siegt und schenkt ihm das Leben. Im Zigeunerlager erzählt Azucena ihre eigene Geschichte, und Manrico begreift, dass er nicht ihr wahrer Sohn ist. Leonora soll vom Grafen entführt werden, wird aber von Manrico gerettet. Die beiden wollen heiraten. Als Manrico erfährt, dass seine »Mutter« Azucena verhaftet wurde und hingerichtet werden soll, eilt er ihr zur Hilfe und wird ebenfalls gefangen genommen. Leonora akzeptiert den Hochzeitsantrag des Grafen als Gegenleistung für die Freiheit ihres Geliebten, vergiftet sich jedoch. Manrico wird hingerichtet, und Azucena enthüllt dem Grafen, dass jener kein Geringerer als sein als Kind geraubter Bruder war.

La traviata

Oper in drei Akten
Libretto von Francesco Maria Piave nach dem Roman
LA DAME AUX CAMÉLIAS von Alexandre Dumas
Uraufführung: Venedig, Teatro La Fenice, 6. März 1853

Personen
Violetta Valéry, Sopran
Flora Bervoix, Violettas Freundin, Mezzosopran
Annina, Violettas Dienerin, Sopran
Alfredo Germont, Tenor
Giorgio Germont, Alfredos Vater, Bariton
Gastone, Vicomte von Létorières, Tenor
Weitere Nebenfiguren
Chor

Handlung
Paris, im Jahr 1850. Violetta Valéry, eine Edelprostituierte, gibt ein Fest, bei dem sie den jungen Alfredo kennenlernt. Durch ihn entdeckt Violetta die wahre Liebe. Die beiden wollen zusammenleben, doch Alfredos Vater redet ihr die Beziehung aus, die für seine Familie einen großen gesellschaftlichen Makel bedeuten würde. Violetta, die bereits von der Schwindsucht gezeichnet ist, gibt nach und verlässt Alfredo trotz des Schmerzes, den sie ihm bereitet. Auf einem Ball demütigt der verletzte Alfredo seine ehemalige Geliebte vor aller Augen. Als Violetta bereits im Sterben liegt, gesteht Giorgio Germont seinem Sohn die Wahrheit. Alfredo kehrt gerade noch rechtzeitig zu Violetta zurück, bevor sie nach einem kurzen Moment der Hoffnung in seinen Armen stirbt.

ANHANG

LES VÊPRES SICILIENNES – I VESPRI SICILIANI – DIE SIZILIANISCHE VESPER

Oper in fünf Akten
Libretto von Eugène Scribe und Charles Duveyrier
Uraufführung: Paris, Théâtre de l'Opéra, 13. Juni 1855
Zunächst sollte der Titel des ins Italienische übersetzten Librettos MARIA DI BRAGANZA lauten, aber der Name Maria war nicht günstig, weshalb man sich für GIOVANNA DE GUZMAN entschied. Für das Theater San Carlo in Neapel hieß die Oper, zumindest für die Aufführungen des Jahres 1858, BATILDE DI TURENNA. Erst nach Gründung der italienischen Republik wurde das Stück unter dem Titel I VESPRI SICILIANI gespielt.

Personen
Hélène (Elena), Schwester des Herzogs Friedrich von Österreich, Sopran
Henri (Arrigo), ein junger Sizilianer, Tenor
Jean de Procida (Giovanni da Procida), ein sizilianischer Arzt, Bass
Ninetta, Hélènes Kammerzofe, Alt
Guy de Montfort (Monforte), Gouverneur von Sizilien, Bariton
Sire von Béthune, französischer Offizier, Bass
Graf von Vaudemont, französischer Offizier, Bass
Weitere Nebenfiguren
Chor

Handlung
Palermo, im Jahr 1282. Die Herzogin Hélène, der junge Henri und der Arzt Jean de Procida suchen einen Vorwand, um eine Revolte gegen die Franzosen auszulösen: Sie soll während eines Festes des Gouverneurs Guy de Montfort stattfinden. Dieser hat herausgefunden, dass er Henris Vater ist; als er das seinem Sohn eröffnet, warnt Henri ihn vor dem Komplott. Die Verschwörer werden verhaftet und können ihre Freiheit nur wiedererlangen, wenn Henri seinen Vater öffentlich anerkennt. Henri gibt nach, und Montfort stimmt

seiner Hochzeit mit Hélène zu. Gleichzeitig jedoch ist das Glockengeläut der Feier auch das Startsignal für den Aufstand.

SIMON BOCCANEGRA

Oper in einem Vorspiel und drei Aufzügen
Libretto von Francesco Maria Piave nach dem Drama
    SIMÓN BOCANEGRA von Antonio García Gutiérrez
Uraufführung: Venedig, Teatro La Fenice, 12. März 1857
Uraufführung der zweiten, durchgesehenen und erweiterten
    Fassung von Arrigo Boito: Mailand, Teatro alla Scala,
    24. März 1881

Personen
Simon Boccanegra, Korsar und später erster Doge von Genua,
    Bariton
Jacopo Fiesco (Andrea Grimaldi), Patrizier, Bass
Maria Boccanegra (Amelia Grimaldi), Boccanegras Tochter,
    Sopran
Gabriele Adorno, Edelmann, Tenor
Paolo Albiani, Goldschmied und später Lieblingshöfling des
    Dogen, Bariton
Weitere Nebenfiguren
Chor

Handlung
Genua, im vierzehnten Jahrhundert. Der ehemalige Korsar Simon Boccanegra ist nun ein plebejischer Doge und hat viele Feinde: Der reiche Fiesco hasst ihn, die Patrizier verschwören sich gegen ihn. Nach 25 Jahren hat Boccanegra seine Tochter Amelia wiedergefunden, die von Fiesco aufgezogen wurde und den Edelmann Gabriele liebt. Boccanegras Kanzler Paolo ist eifersüchtig, organisiert Amelias Entführung und vergiftet seinen Herrn, den er stürzen

möchte. Auf den Straßen gibt es Tumulte zwischen Patriziern und Plebejern, aber Gabriele gelingt es, die Gemüter zu beruhigen. Paolo wird zum Galgen geführt. Boccanegra enthüllt sterbend, dass Fiesco Amelias Großvater ist und segnet die Hochzeit seiner Tochter mit Gabriele, der zum neuen Dogen bestimmt wird.

AROLDO

Oper in vier Akten
Libretto von Francesco Maria Piave, Neufassung von STIFFELIO
Uraufführung: Rimini, Teatro Nuovo, 16. August 1857

Personen
Aroldo, ein Kreuzritter, Tenor
Mina, Aroldos Frau, Sopran
Egbert(o), ein alter Ritter und Minas Vater, Bariton
Godvino, Abenteurer und Egbertos Gast, Tenor
Briano, frommer Einsiedler, Bass
Weitere Nebenfiguren
Chor

Handlung
Die Handlung gleicht jener von STIFFELIO, besitzt aber andere Hauptfiguren. Sie spielt in Egbertos Burg in Kent, wohin Aroldo nach einem Kreuzzug aus Palästina zurückkehrt und den Betrug seiner Frau mit dem Ritter Godvino entdeckt. Am Ende bringt Egberto Godvino um, und Aroldo vergibt seiner Frau.

Un ballo in maschera – Ein Maskenball

Oper in drei Akten
Libretto von Antonio Somma nach Eugène Scribes Drama
GUSTAVE III, OU LE BAL MASQUÉ
Uraufführung: Rom, Teatro Apollo, 17. Februar 1859
Während des Entstehungsprozesses wurde der Operntitel mehrere Male verändert: Erst hieß das Stück GUSTAVO III, dann UNA VENDETTA IN DOMINO – EINE RACHE AM HERRN und schließlich UN BALLO IN MASCHERA. Ursprünglich spielte die Handlung in Stockholm, bevor Verdi aus Zensurgründen Boston wählte.

Personen
Riccardo (Richard), Graf von Warwich und Gouverneur von Boston, Tenor
Renato (René), Kreole, Riccardos Sekretär und Amelias Ehemann, Bariton
Amelia, Renatos Ehefrau, Sopran
Ulrica (Ulrika), Wahrsagerin, Alt
Oscar (Oskar), Page, Sopran
Weitere Nebenfiguren, Chor

Handlung
Boston, im siebzehnten Jahrhundert: Der Gouverneur Riccardo, der eigentlich besser daran täte, seinen Posten vor einer Verschwörerbande zu verteidigen, geht völlig auf in seiner Liebe zu Amelia, der ihn ebenfalls liebenden Frau seines Sekretärs und engen Freundes Renato. Die Wahrsagerin Ulrica sagt Riccardo seinen Tod voraus. Die Prophezeiung erfüllt sich während eines Maskenballs: Renato hat von der Untreue seiner Frau erfahren und ersticht Riccardo.

La forza del destino – Die Macht des Schicksals

Oper in vier Akten
Libretto von Francesco Maria Piave nach Ángel de Saavedras
Drama Don Álvaro o La fuerza del sino
Uraufführung: St. Petersburg, Bolschoi Theater, 10. November 1862
Ein neues Finale und einige Veränderungen im 3. und 4. Akt wurden verfasst von Antonio Ghislanzoni; Uraufführung: Mailand, Teatro alla Scala, 27. Februar 1869

Personen
Der Marchese von Calatrava, Bass
Donna Leonora, Tochter des Marchese, Sopran
Don Carlos, Sohn des Marchese, Bariton
Don Alvaro, Tenor
Pater Guardiano, Franziskanermönch, Bass
Fra Melitone, Franziskanermönch, Bariton
Preziosilla, eine junge Zigeunerin, Mezzosopran
Weitere Nebenfiguren
Chor

Handlung
Spanien, Mitte des achtzehnten Jahrhunderts. Donna Leonora und Don Alvaro sind auf der Flucht, weil ihr Vater sich gegen ihre Hochzeit stellt. Doch sie werden entdeckt; aus Versehen löst sich ein Schuss und tötet den Marchese. Leonora begibt sich in eine Einsiedelei, Alvaro zieht nach Italien in den Kampf. Dort freundet er sich mit Leonoras Bruder Don Carlos an, der ihn schließlich erkennt und zum Duell herausfordert. Alvaro kann fliehen, kehrt nach Spanien zurück und geht in ein Kloster. Doch Don Carlos spürt ihn auch dort auf und fordert ihn zum Duell, wobei er selbst tödlich verwundet wird. Als Alvaro für ihn einen Beichtvater sucht, stößt er auf Leonora. Sie eilt zum Bruder; der aber tötet sie mit seiner letzten Kraft und übt so seine Rache.

Don Carlos

Oper in fünf Akten
Libretto von Joseph Méry und Camille Du Locle nach Friedrich
Schillers gleichnamigem Drama
Uraufführung: Paris, Théâtre de l'Opéra, 11. März 1867
Uraufführung der italienischen Fassung Don Carlo nach einem
Libretto von Achille de Lauzières: Bologna, Teatro Comunale,
26. Oktober 1867
Uraufführung der neuen Fassung in vier Akten: Mailand,
Teatro alla Scala, 10. Januar 1884

Personen
Philippe II. (Filippo II.), König von Spanien, Bass
Don Carlos, Infant von Spanien, Tenor
Rodrigue (Rodrigo), Marquis von Posa, Bariton
Der Großinquisitor, Bass
Elisabeth (Elisabetta) von Valois, Sopran
Prinzessin Eboli, Hofdame Elisabeths, Mezzosopran
Thibault (Tebaldo), Elisabeths Page, Sopran
Der Graf von Lerma, Tenor
Weitere Nebenfiguren
Chor

Handlung
Spanien, im Jahr 1560. Don Carlos lernt incognito die ihm als Braut zugedachte Elisabeth von Valois kennen. Die beiden verlieben sich ineinander, erfahren dann allerdings, dass Elisabeth statt Don Carlos dessen Vater König Philippe heiraten soll, um den Frieden zwischen Frankreich und Spanien zu besiegeln. Don Carlos wird zum Befürworter der Anliegen der Flamen und stellt sich seinem Vater entgegen, der ihn inhaftieren lässt und mit Unterstützung der Inquisition hinrichten lassen will. Sein Freund Rodrigue entlastet ihn jedoch und wird an seiner Statt getötet. Vor seiner Abreise treffen sich Don Carlos und Elisabeth ein letztes Mal am

Grab des Kaisers Karl V. Dabei werden sie von Philippe und dem Großinquisitor überrascht. Ein Mönch, in dem alle den Kaiser zu erkennen glauben, verschwindet mit dem Infanten in den Gängen des Klosters.

AIDA

Oper in vier Akten
Libretto von Antonio Ghislanzoni
Uraufführung: Kairo, Königliches Opernhaus, 24. Dezember 1871

Personen
Der König, Bass
Amneris, Tochter des Königs, Mezzosopran
Aida, äthiopische Sklavin, Sopran
Radamès, Feldherr, Tenor
Ramfis, Oberpriester, Bass
Amonasro, König von Äthiopien und Aidas Vater
Weitere Nebenfiguren
Chor

Handlung
Die Geschichte spielt in Memphis und in Theben zur Zeit der Pharaonenherrschaft. Aida, Tochter des Königs von Äthiopien, ist Sklavin bei den Ägyptern und liebt Radamès, der ihre Gefühle erwidert, aber auch von der Pharaonentochter Amneris begehrt wird. An der Spitze des ägyptischen Heeres siegt Radamès über die Äthiopier und nimmt Aidas Vater als Gefangenen, verrät jedoch vertrauliche Informationen. Er wird des Hochverrats angeklagt. Amneris bietet an, ihn zu retten, fordert dafür aber die Trennung von Aida. Doch Radamès möchte lieber seine Schuld verbüßen und wird lebendig begraben. Aida stirbt freiwillig an seiner Seite.

OTELLO

Oper in vier Akten
Libretto von Arrigo Boito nach William Shakespeares Drama
OTHELLO
Uraufführung: Mailand, Teatro alla Scala, 5. Februar 1887

Personen
Otello, Mohr, General der venezianischen Armee und
    Gouverneur von Zypern, Tenor
Jago, Fähnrich, Bariton
Desdemona, Otellos Frau, Sopran
Cassio, Hauptmann, Tenor
Rodrigo, venezianischer Edelmann, Tenor
Weitere Nebenfiguren
Chor

Handlung
Zypern, Ende des fünfzehnten Jahrhunderts. In einer Sturmnacht kehrt der im Dienste Venedigs stehende Mohr Otello als Sieger über die Türken zurück. Alle außer Jago jubeln; er hasst Otello, weil er Cassio und nicht ihn zum Hauptmann befördert hat. Nun beginnt er, eine Intrige zu spinnen, um Otellos Eifersucht gegenüber seiner ihn angeblich mit Cassio betrügenden Frau Desdemona zu wecken und ihn so verrückt werden zu lassen. Sein Vorhaben, bei dem ein Taschentuch als wichtigstes Beweisstück gilt, gelingt – am Ende erwürgt Otello Desdemona. Als er wieder zu Verstand kommt, ist es zu spät: Mit einem Dolch tötet Otello auch sich selbst.

Falstaff

Opera buffa in drei Akten
Libretto von Arrigo Boito nach William Shakespeares Dramen
THE MERRY WIVES OF WINDSOR und KING HENRY IV
Uraufführung: Mailand, Teatro alla Scala, 9. Februar 1893

Personen
Sir John Falstaff, Bariton
Ford, Alices Ehemann, Bariton
Fenton, Tenor
Dr. Cajus, Tenor
Mrs. Alice Ford, Sopran
Nannetta, Tochter der Fords, Sopran
Weitere Nebenfiguren
Chor

Handlung
Im Wirtshaus Zum Hosenbande in Windsor um 1400 möchte der alte und dicke Falstaff die Herzen zweier Frauen und zugleich die Geldbörsen ihrer Männer erobern. Also beauftragt er einen Pagen, den Damen identische Liebesbriefe zuzustellen. Daraufhin beschließen die beiden, mit Falstaff ihre Späßchen zu treiben. Die Komödie setzt sich mit erheiternden Momenten und Überraschungseffekten fort, um schließlich zu dem Ergebnis zu gelangen, dass alles auf Erden ein Schabernack sei.

Personenregister

Alagna, Roberto 47
Alighieri, Dante 35, 65, 74

Bach, Johann Sebastian 18, 93 f.
Baltsa, Agnes 81
Beecham, Sir Thomas 79
Beethoven, Ludwig van 9, 79, 102
Bellini, Vincenzo 36, 98 f.
Bergonzi, Carlo 82
Berlioz, Hector 55
Bernstein, Leonard 40
Böcklin, Arnold 59
Boito, Arrigo 56, 64, 105, 110, 117 f.
Brahms, Johannes 77
Brecht, Bertolt 67
Bruckner, Anton 77, 101
Brunelleschi, Filippo 81
Bruscantini, Sesto 37
Bruson, Renato 65 f.
Buonarroti, Michelangelo 36, 64, 89

Caffarelli (eigentlich: Gaetano Majorano) 32
Callas, Maria 37
Carreras, José 81
Cavani, Liliana 46
Cherubini, Luigi 9
Cimarosa, Domenico 100
Corelli, Arcangelo 30

d'Annunzio, Gabriele 14, 119
Dante – s. Alighieri
Domingo, Plácido 108
Donatello (eigentlich: Donato di Niccolò di Betto Bardi) 81
Donizetti, Gaetano 36, 98 f.

Enriquez, Franco 67

Fabbricini, Tiziana 47 f.
Farinelli (eigentlich: Carlo Broschi) 32
Ferrara, Franco 25
Foscolo, Ugo 59
Furtwängler, Wilhelm 25

Garibaldi, Giuseppe 17, 90 f.
Gavazzeni, Gianandrea 17
Giordano, Umberto 37
Gluck, Christoph Willibald 68, 99
Gui, Vittorio 25, 86
Guichandut, Carlo 16

Hanslick, Eduard 77
Haydn, Joseph 76, 99
Herzog, Werner 67
Hitchcock, Alfred 82

157

Kaiser, Joachim 81
Kandinsky, Wassily 69
Karajan, Herbert von 37 f.
Kleiber, Carlos 35, 97

Mahler, Gustav 101, 118
Mameli, Goffredo 92
Manzoni, Alessandro 75 f.
Manzù, Giacomo 68
Mariani, Angelo 107
Mazzini, Giuseppe 90
Melozzo da Forlì 32
Merelli, Bartolomeo 74
Michelangelo – s. Buonarroti
Mila, Massimo 94
Monaco, Mario del 16
Morelli, Domenico 105
Mozart, Wolfgang Amadeus 9, 18, 31, 40, 53, 55, 60, 76 f., 99, 102, 113

Nesterenko, Jewgeni 81
Norman, Jessye 81

Paisiello, Giovanni 100
Palestrina, Giovanni Pietro da 100
Pergolesi, Giovanni Battista 32, 40
Pertile, Aureliano 37
Piave, Francesco Maria 89
Piscator, Erwin 17
Prawy, Marcel 65 f.

Radetzky von Radetz, Josef Wenzel 91
Ricordi, Giulio 21, 23, 64, 105
Ronconi, Luca 67
Rossini, Gioachino 18, 26 f., 75 f., 99, 106

Schiller, Friedrich 17
Schönberg, Arnold 69
Schubert, Franz 40, 98 f.
Shakespeare, William 38, 56, 64, 67, 105
Simone, Roberto de 67
Skrjabin, Alexander 34
Solera, Temistocle 64, 74
Spontini, Gaspare 67
Stolz, Teresa 107
Strehler, Giorgio 9, 66 f.
Strepponi, Giuseppina 14, 60

Tadolini, Eugenia 35
Tarozzi, Giuseppe 46
Toscanini, Arturo 17, 19, 33, 40, 45
Toscanini, Wally 39
Tschaikowski, Pjotr Iljitsch 55

Verrocchio, Andrea del (eigentlich: Andrea di Michele Cioni) 81
Vick, Graham 67, 108
Vittorio Emanuele II., König von Italien 89 f.
Votto, Antonino 16 f., 25, 29

Wagner, Richard 31, 43, 55 f., 95, 97, 100 f., 106, 118

Daniel Brandenburg
Verdi – Rigoletto
Opernführer kompakt
136 Seiten, 35 farbige und s/w-Abbildungen
ISBN 978-3-89487-908-2

Giuseppe Verdi hielt RIGOLETTO für eine seiner besten Opern. Allein die Titelfigur erachtete er für »eines Shakespeare würdig«: Ein buckeliger, von allen verlachter Außenseiter der Gesellschaft versucht sich mit seiner scharfen Zunge Anerkennung zu verschaffen, vergisst dabei jegliches Mitgefühl und besiegelt somit sein eigenes Schicksal. Verdi ist es in der Figur des Rigoletto gelungen, Licht und Schatten des menschlichen Wesens in eindrucksvoller Form musikalisch umzusetzen. Auf anregende Weise erklärt Daniel Brandenburg, Musiktheaterwissenschaftler mit Schwerpunkt italienische Oper und Sängerforschung, in seinem Buch, warum dieses Werk nach wie vor im Repertoire aller großen Opernhäuser zu finden ist.

Silke Leopold
Verdi – La Traviata
Opernführer kompakt
136 Seiten, 31 farbige und s/w-Abbildungen
und zahlreiche Notenbeispiele
ISBN 978-3-89487-905-1

Eine Pariser Edelprostituierte findet ihre große Liebe, entsagt ihrem flatterhaften Lebenswandel und bekommt doch die rigide Doppelmoral der Gesellschaft zu spüren, die eine Kurtisane zwar als Gespielin, nicht aber als Lebensgefährtin eines Adeligen duldet: Verdis ergreifende Geschichte der dem Tode geweihten Violetta Valéry war ein für damalige Zeiten (UA 1853) unerhörter Plot. Kenntnisreich und unterhaltsam erläutert die renommierte Musikwissenschaftlerin Silke Leopold in ihrer Einführung, warum dieses Werk zu den erfolgreichsten Opern der Musikgeschichte gehört.

Bärenreiter
HENSCHEL

WWW.RICCARDOMUTIMUSIC.COM

Mehr über Riccardo Muti und seine Studien zu Giuseppe Verdi erfahren Sie exklusiv auf riccardomutimusic.com. Dort finden Sie Videos, in denen der Maestro die bekanntesten Werke Verdis am Klavier vorstellt und erklärt.

© Silvia Lelli
by courtesy of www.riccardomutimusic.com